EL COMINEZO DE UNA HERENCIA

EL COMINEZO DE UNA HERENCIA

APRENDA A SER EXITOSO
SIN DINERO NI INFLUENCIAS

FERNANDO D. MASSAU CHORNE

GOLDENPATH

CADA CAPITULO LO AYUDARA A:

INTRODUCCION – Entender como educan los empresarios a sus hijos y que se aprende en las universidades sobre negocios.

NUEVOS HABITOS Y COSTUMBRES – Aprender a pedir ayuda y evitar que el miedo se interponga en sus decisiones.

REDES DE CONTACTOS – Potenciar su red de contactos.

AUTOPROMOCION – Identificar los aspectos que constituyen su identidad para obtener mejores resultados, personales y profesionales.

MOTIVACION – Encontrar el impulso necesario para comenzar y culminar sus metas.

SUPOSICIONES Y CREENCIAS – Minimizar el efecto de los errores propios o ajenos, y como aprender de ellos.

ADIOS A LA ZONA DE CONFORT – Vencer el miedo al fracaso y abandonar la rutina. Tomar decisiones difíciles aunque no se sienta cómodo con ellas.

ADAPTARSE O DESAPARECER – Entender de qué manera evolucionan los negocios, las empresas y las personas.

INVERTIR O ESPERARAR – Analizar otros escenarios antes de invertir en un negocio.

CUANDO LA OPORTUNIDAD LLAMA – Detectar oportunidades y actuar en consecuencia.

OBTENER FONDOS – Descubrir medios alternativos para recaudar fondos y poner en marcha su emprendimiento.

CUESTION DE ACTITUD – Aceptar su propia intuición y convertir las malas experiencias en positivas.

OPORTUNIDADES DE NEGOCIOS – Identificar demandas existentes en el mercado, evaluar la competencia y poner en funcionamiento nuevos proyectos.

EL ADN COMERCIAL – Encontrar las claves que le permitan a su negocio: diferenciarse, funcionar, crecer y reproducirse.

INTELIGENCIA EMOCIONAL - Controlar sus propias emociones para mantener motivadas a las personas.

EN BUSCA DE LA EXCELENCIA – Adoptar un cambio de actitud permanente enfocado en la calidad.

DINERO EN MOVIMIENTO – Identificar el nivel de riesgo de su inversión.

LAS DESICIONES NUNCA NOS ESPERAN - Superar la indecisión.

EL PLAN DE MARKETING – Mejorar la rentabilidad de su negocio.

EL ARTE DE LA NEGOCIACION – Formalizar acuerdos en mutuo beneficio.

TODOS COMETEMOS ERRORES - Aceptar los errores como base de la superación personal.

SUPERAR LA CAIDA – Utilizar los obstáculos como un impulso.

EL VERDADERO EMPRENDEDOR - Comenzar su camino hacia el éxito con actitud emprendedora.

EL COMIENZO DE UNA HERENCIA – Aprender a valorar sus propios logros.

En el primer trimestre del 2016, la empresa de servicios financieros Credit Suisse anunció que solo el 1 % de la población más rica del mundo posee tanta riqueza como el resto de los habitantes del planeta, y que las sesenta y dos personas más acaudaladas de la tierra alcanzaron tanta riqueza como la mitad más pobre de la población.

En la actualidad, solo un pequeño porcentaje de la población mundial, las elites económicas, heredarán títulos, dinero o propiedades, en lugar de trabajar por ello. El resto de las personas deberán valerse de sí mismas para generar su propia riqueza. Esta obra fue escrita para ese gran porcentaje de la población.

Permítanme presentarme. Soy el tercero de cuatro hermanos. Nací en Munro, un humilde barrio situado al norte de Buenos Aires, en Argentina. Como la mayoría de los niños bonaerenses, me crié en el seno de una familia humilde, de clase trabajadora, con costumbres austeras y grandes sacrificios. Mis padres fueron maestros de escuela, lo que me permitió acceder a un sistema de becas para hijos de docentes y realizar mi educación primaria y secundaria en una de las escuelas más prestigiosas de Argentina, motivo por el cual mi infancia se desarrolló en dos mundos completamente diferentes.

De lunes a viernes asistía a una escuela privada de Florida, un exclusivo barrio conocido por sus tradicionales y elegantes residencias, donde a diario compartía el salón de clases con hijos de diplomáticos, poderosos empresarios e influyentes hombres de negocios. En cuanto a los fines de semana, regresaba a mi hogar, en Munro, un barrio industrial caracterizado por la gran cantidad de fábricas textiles, en donde compartía mis tardes con los hijos de electricistas, albañiles y obreros de la construcción.

Si bien la diferencia social que existía entre mis compañeros de barrio y de escuela nunca me pareció importante, sí lo fue la educación que absorbí de cada uno de ellos. Por un lado, los padres de mis compañeros de colegio educaban a sus hijos de maneras cambiantes y cultivadoras, exponiéndolos constantemente a nuevas experiencias. Incluso, durante las horas de escuela, su educación se basaba en el desarrollo de habilidades como la autoconfianza y el prestigio social, lo cual ayudaba a los niños a perder el miedo a equivocarse, trabajar en equipo y adaptarse a entornos estructurados. Los padres de mis compañeros de barrio, en cambio, inculcaban en sus hijos la idea de estudiar y conseguir un empleo estable como único medio de progreso. Una educación que se basaba en la transmisión de hábitos, como el cumplimiento de órdenes y la obediencia, lo que favorecía que sus hijos se quejaran menos y fueran más creativos a la hora de aprovechar su tiempo libre.

Voy a ser honesto con ustedes, estudiar para conseguir un buen empleo está muy lejos de ser una forma efectiva de enriquecerse. De hecho, menos del 1 % de los trabajadores en relación de dependencia, logra volverse rico trabajando para otros; para el 99 % restante de la población mundial, el medio más efectivo de enriquecerse es mediante la creación de negocios, empresas o inversiones financieras exitosas.

En este punto es donde comienzan los problemas, ya que para convertirse en un empresario exitoso solo hay un camino: el de asumir riesgos.

Son muy pocas las universidades donde se enseñe a los alumnos a asumir riesgos económicos, no existen muchas clases en las que se motive a los estudiantes a invertir los ahorros de su vida para comenzar su propio negocio, y no conozco ningún profesor que enseñe a sus alumnos a dejar su estable empleo en una importante empresa multinacional para iniciar su propio emprendimiento.

No me mal interpreten, en la actualidad tener un título universitario es casi tan importante como saber leer o escribir. Es un hecho que la práctica solo puede ser ejecutada si la teoría está perfectamente asimilada, y realizar una carrera universitaria es una fuente imprescindible de conocimientos, aunque no es la única.

Como estudiante de la carrera de Comercialización de Empresas, me prepararon para crear fórmulas en celdas de Excel y luego llenarlas con datos que podía encontrar en un libro de textos, pero ni eso ni toda la teoría del mundo me preparó para enfrentar los retos que la vida real me presentaría al comenzar mi propio emprendimiento.

Nunca nadie me dijo que aquel tan deseado nuevo negocio que estaba comenzando me iba a quitar el sueño durante muchas noches, nadie me preparó para salir a conseguir dinero cuando no había para pagar sueldos, nadie me enseñó qué debía decirle a un buen trabajador cuando lo tenía que despedir porque no quedaba otra alternativa… todas esas lecciones solo se pueden aprender cuando las vives en primera persona.

Comenzar un emprendimiento propio es más bien como una sucesión de celdas, que son imposibles de rellenar con un manual, porque a diferencia de las fórmulas que nos enseñan en la universidad, estas no pueden ser controladas ya que, en mayor o menor medida, el desarrollo de todo negocio es impredecible.

Quiero ser claro con esto: emprender un negocio es un camino apasionante que todos los días nos colma la mente de aprendizaje y el corazón de coraje, pero ese camino también está repleto de desafíos, retos, dudas, miedos, inseguridad, frustración, desánimo y muchos otros sentimientos que pueden hacer que la decisión de emprender se tambalee hasta caerse. Lo cierto es que la mayoría de las personas no lo soportan y se desploman rápidamente, porque no todos los que deciden comenzar un negocio están preparados para hacerlo.

En mi caso particular, tuve la suerte de conocer y ser aconsejado por importantes empresarios, personas que, motivadas por su creatividad y falta de miedo al fracaso, lograron transformar pequeños negocios familiares hasta convertirlos en grandes corporaciones multinacionales.

Pero el destino me favoreció doblemente, ya que además tuve el privilegio de crecer y de aprender de personas humildes, hombres impulsados por sus carencias tanto económicas como sociales, que lograron ver oportunidades donde otros no las veían, y que con el correr de los años, llegaron a convertirse en exitosos empresarios.

A lo largo de esta obra conocerás las historias y consejos de estas extraordinarias personas quienes, gracias a su astucia y tenacidad, demostraron que no existe impedimento alguno para quienes tienen la firme convicción de hacer realidad sus sueños.

Anécdota 1: NUEVOS HABITOS Y COSTUMBRES

Cada año, cerca de 1.800 estudiantes de distintas partes del mundo se inscriben en la Maestría en Administración de Negocios o MBA, por sus siglas en inglés, de Harvard Business School, el costo por cursar este prestigioso programa asciende a 110.000 dólares anuales. Durante dos años, dichos estudiantes son formados por los profesores más destacados de sus campos de estudio. Al finalizar la maestría, los alumnos serán llamados a ocupar los cargos públicos y privados más influyentes de la economía mundial.

Lo primero que aprenden los estudiantes del MBA de Harvard no trata sobre economía, finanzas o administración, sino más bien es una lección preliminar al estudio de estas ciencias, una enseñanza fundamental para alcanzar el éxito en los negocios: ¡aprender a pedir ayuda! Pedir ayuda es el modo más básico que conocemos de ampliar nuestro conocimiento.

Las personas más exitosas son aquellas que saben reconocer sus puntos fuertes, tanto como sus limitaciones, y se sienten cómodas hablando de ello. Saben exactamente cuándo deben pedir ayuda y se muestran interesadas al recibir críticas constructivas. Por el contrario, las personas con baja autoestima interpretan las críticas como amenazas o señales de vulnerabilidad, motivo por el cual son más propensas al fracaso.

La primer persona a la que acudí por ayuda profesional fue Isaac Peretz, un anciano comerciante judío a quien apodaban «Newton», ya que vivía obsesionado con trasladar las teorías del célebre científico inglés, sir Isaac Newton, a los negocios.

Isaac era una persona carismática quien, a pesar de su avanzada edad, conservaba intacta su capacidad de detectar oportunidades y anticiparse a los cambios. Era dueño de una importante empresa textil que él mismo había fundado, en la que daba trabajo a más de seiscientas cincuenta personas.

Él era el mejor ejemplo de que una persona podía hacer cuanto se propusiera en la vida si se esforzaba para lograrlo. Era hijo de inmigrantes que, como muchos otros, habían llegado desde el viejo continente huyendo de las guerras y la hambruna. Arribó a la Argentina a sus cinco años de edad con nada más que lo puesto y completó su educación primaria en un pequeño pueblo del norte argentino llamado Charata, donde para ir a la escuela debía caminar más de diez kilómetros todos los días.

Varios años después de su llegada, y gracias a una beca del Gobierno, logró viajar a Buenos Aires para conocer la ciudad por primera vez. Fue allí donde lo obligaron a usar algo que no había conocido en sus quince años de vida: ¡zapatos!

Solo en la gran ciudad, comenzó a trabajar sin ninguna experiencia. Su primer empleo fue como jornalero en una tienda de telas en Once, un barrio porteño que se caracterizaba por sus numerosos comercios de ofertas y bajos precios, el cual debe su nombre a la terminal de ferrocarril Once de Septiembre, situada en el centro de la zona, que a su vez viene del 11 de septiembre de 1852, fecha en la que el Estado de Buenos Aires se separó del resto de la Argentina.

El dueño de la tienda, un importante comerciante de telas, no tardó en detectar que había algo especial en aquel joven: sabía leer, escribir y era sumamente hábil para las matemáticas. Sin embargo, lo que había acaparado la atención de este astuto comerciante era que Isaac siempre estaba deseoso de aprender más.

La combinación de varios años de trabajo para el comerciante de telas y el talento natural de Isaac para los negocios, dieron como resultado una relación entre discípulo y mentor que se extendió por largo tiempo.

Gracias a las enseñanzas de su empleador, Isaac comenzó a utilizar sus ahorros para comprar retazos de telas que, después de seleccionarlos y clasificarlos, vendía a costureras para que los utilizaran en pequeños arreglos de ropa. Aun así, le tomó mucho tiempo y esfuerzo reunir el dinero suficiente para alquilar un local y abrir su propia tienda de telas.

Lo primero que hizo cuando abrió su negocio fue realizar algunos acuerdos con pequeños telares que, debido precisamente a sus pequeñas estructuras, entregaban su mercadería a consignación, motivo por el cual Isaac debía pagar por ellas únicamente si las vendía. Si bien estos acuerdos le insumían mucho tiempo, también le generaban enormes utilidades para su tienda. Sin embargo, al poco tiempo descubrió que tales acuerdos no duraban mucho, ya que en cuanto su tienda comenzaba a vender mayores cantidades de rollos de telas, los pequeños telares comenzaban a pedirle enormes anticipos de dinero para poder producir más, lo que afectaba gradualmente la rentabilidad de su negocio.

Sin importar el inconveniente, Isaac nunca se desanimaba. No se lo pensó dos veces y decidió hipotecar su tienda para reunir el dinero necesario y poderle comprar un pequeño telar a uno de sus proveedores. A su cargo, el telar pasó a duplicar la cantidad de rollos de tela que producía diariamente y en menos de un año su tienda comenzó a vender exclusivamente las telas que él mismo fabricaba. Su negocio siguió creciendo a pasos agigantados, hasta posicionarlo como uno de los empresarios de telas más importantes de Argentina.

Conocí a Isaac por un capricho de la vida, cuando a los 17 años me inscribí en una pasantía laboral organizada por la escuela en la que estudiaba, y trabajé como becario en su compañía durante todo el verano. Sin importar lo ocupado que estuviera, Isaac solía tomarse el tiempo y la dedicación de conversar con cada uno de sus empleados, y así fue como tuve la suerte de conocerlo.

Cierto día, al verme dejar la correspondencia sobre su escritorio, Isaac comenzó a hacerme preguntas sobre mis funciones en la empresa, se mostró muy interesado al enterarse de que era becario y que estaba en una pasantía laboral. En un primer momento, supuse que su interés era solo por cortesía, pero cuando hablé con mi jefe sobre el diálogo que había tenido con el dueño de la empresa, me llevé una gran sorpresa al enterarme de que Isaac solía pasar muchas horas por semana conversando con sus empleados, tanto así, que recordaba y saludaba por el nombre a cada uno de ellos.

La pasantía de verano pasó rápido y en pocos días debía comenzar a estudiar en la universidad, no tenía idea de qué estudiaría y mucho menos de cómo costearía mis estudios; hacía meses que esa idea me perseguía y no me permitía pensar con claridad.

Finalmente, una calurosa mañana de febrero, cuando faltaban pocos días para terminar mi pasantía, el miedo me paralizó por completo. Había pasado toda la mañana solo, en una mesa del comedor de la empresa, y no quería moverme de allí. Isaac, que se encontraba en el otro extremo del salón, almorzando junto a un grupo de gerentes, fue el único que notó mi perturbada presencia. Esperó a que todos los que lo acompañaban terminaran su almuerzo y, cuando se marcharon, se acercó hasta mi mesa para hablarme. Según me dijo, sabía reconocer el miedo en la cara de una persona.

La verdad era que no estaba asustado sino aterrado y la idea de contarle mis insignificantes problemas a un hombre, cuya historia de vida podía ser perfectamente inspiración para una película de Hollywood, me avergonzaba aún más, pero aun así, decidí hacerlo. Al terminar mi relato, Isaac se quedó un largo rato pensando mientras acariciaba su barbilla como si estuviera tramando un plan. Segundos después, se aclaró la voz y comenzó a hablarme:

—Si tienes algunos minutos y no interfiero en tus tareas, me gustaría contarte una historia que muy pocos saben sobre mi pasado.

Sin darme tiempo a responder, continuó su relato:

—En el año 1957, todo el país estaba sumergido en una gran depresión y el arroz se convirtió en el alimento base de cualquier familia, no por su apetitoso sabor sino por su económico precio. Para aquel entonces, yo era un próspero empresario de telas y estaba buscando la forma de diversificar mi negocio, motivo por el cual decidí reunir a un grupo de inversores para iniciar una compañía de venta y distribución de arroz.

»Pero la latente oportunidad de negocio que generaba el arroz, hizo que el número de interesados en la venta y distribución se multiplicara rápidamente. Eso generó una batalla por obtener clientes a nivel nacional, y los precios del arroz se desplomaron, arrastrando los márgenes de venta hasta mínimos históricos. Voy a ser honesto contigo, nunca fui una persona sumamente lista, pero tengo una virtud que es más importante para los negocios: jamás dejo que el miedo me frene.

»Aprovechando que mis competidores estaban paralizados por el miedo, comencé a idear un plan para salvar nuestro negocio, y en menos de un mes, nuestra distribuidora comenzó a vender el arroz a los precios más bajos del mercado, con márgenes que eran insostenibles para cualquier otro competidor. Con cada kilo de arroz, vendíamos una bolsa de arpillera para que a los clientes les fuera más fácil transportarlo; la bolsa era condición indispensable en la transacción.

»El resto de los distribuidores, furiosos por no poder competir con los precios que habíamos fijado, se propusieron averiguar las sucias artimañas que estábamos utilizando para conseguir comprar el arroz a menor precio que ellos y poder venderlo sin obtener ganancia alguna. La búsqueda no dio resultado y el secreto siguió guardado por muchos años, hasta el día de hoy.

»¿Quieres saber cómo lo logramos o prefieres que el secreto siga guardado por algunas generaciones más? —me pregunto con una sonrisa cómplice en su cara.

—¡Por supuesto que quiero saberlo! —le dije dando un salto en mi silla.

—¡Esa es la respuesta que quería escuchar! —me respondió con entusiasmo—. Verás, nuestra compañía nunca rompió una sola regla comercial, el secreto tampoco estaba en las técnicas de negociación que utilizábamos, ya que las arroceras nos vendían al mismo precio que a los demás distribuidores. Lo cierto es que cuando el precio del arroz se desplomó, simplemente dejamos de venderlo y comenzamos a ofrecerlo al costo, ya que nuestro negocio era la venta de bolsas de arpillera. Así es, el verdadero secreto de nuestro éxito fue la actividad empresarial que desarrollábamos: no vendíamos arroz, vendíamos bolsas de arpillera.

—Y cuando tomas decisiones como esas, ¿no tienes miedo a equivocarte? —le pregunté con curiosidad.

—¡Siempre! Si no tuviera miedo, sería un tonto —me respondió mientras se levantaba de la mesa, y continuó—: Pero nunca dejo que el miedo me paralice, porque sé que la clase de personas que somos se resume en las decisiones que tomamos.

»Verás que al final del día, algunas de ellas apenas tendrán relevancia, pero otras por el contrario te marcarán el rumbo que seguirás por el resto de tu vida. Lo importante es avanzar y nunca detenerse. Si el rumbo elegido no es el correcto, más adelante podrás corregirlo, tomar una nueva dirección y de esa forma cumplir tu objetivo. Pero si te quedas inmovilizado por el miedo, habrás fracasado sin ni siquiera haberlo intentado.

»Nunca te olvides lo que decía sir Isaac Newton: "Es más fácil mover un objeto que está en movimiento, que intentar moverlo cuando está quieto".

Entonces se despidió con un fuerte apretón de manos y se marchó.

Ese día aprendí dos lecciones importantes: la primera, que pedir ayuda tiene muchas más ventajas que desventajas, y que solo las personas exitosas poseen la humildad necesaria para saber que no son autosuficientes en todo; y la segunda, que el error más grande que puede cometer una persona no es intentar algo y equivocarse, sino nunca intentarlo.

Anécdota 2: REDES DE CONTACTOS

El día de San Valentín del año 2005, Chad Hurley organizó una fiesta para reencontrarse con muchos excolaboradores de la empresa PayPal. Gracias a esa reunión informal, Hurley conoció a Steve Chen, siendo ellos los encargados de hacer llegar el vídeo de la fiesta a todos los asistentes.

Durante varias semanas Hurley y Chen siguieron compartiendo sus ideas. Tres meses después, lograron desarrollar juntos un portal web para poder compartir el vídeo de la fiesta, al que llamaron YouTube. Tan solo un año más tarde, en octubre del 2006, Google Inc. terminó adquiriendo YouTube por 1.600 millones de dólares.

Ejemplos como este dejan en manifiesto la importancia de tener consolidada una red de contactos al momento de emprender un negocio. Para ello, es imprescindible aprender a relacionarse dentro y fuera del ámbito profesional. Eventos sociales, universidades, conferencias o seminarios del sector en el que se está emprendiendo son ambientes propicios para entrar en contacto con otras personas que comparten intereses similares a los nuestros.

El reconocido empresario y escritor Dale Carnegie sugiere que la mejor forma para sumar nuevos adeptos para nuestra red de contactos, es aprender a desarrollar la habilidad de recordar los nombres de las personas, ya que llamar a las personas por su nombre es sumamente importante para entablar un vínculo con ellas.

En su exitoso libro Cómo ganar amigos e influir sobre las personas, Carnegie escribió al respecto: «El nombre de una persona es para él o ella el más dulce e importante sonido en cualquier idioma».

Para algunas personas aprender a recordar nombres es parte de su trabajo. Muchos ejecutivos de compañías internacionales son obligados a realizar extensos cursos para ejercitar esa parte de su memoria. Incluso, algunos diplomáticos están obligados a seguir dietas ricas en magnesio y realizar ejercicios físicos periódicamente para potenciar su memoria social.

¿Alguna vez te preguntaste por qué al pedir un café en Starbucks anotan tu nombre en el vaso y luego otra persona te entrega el pedido llamándote por tu nombre? Si crees que lo hacen para ser más eficaces, estás equivocado, ya que si no perdieran tiempo anotando tu nombre en el vaso podrían reducir el tiempo de las entregas como lo hace McDonalds.

Entonces puedes suponer lo hacen por una cuestión de orden, pero nuevamente estás en un error, ya que anotar tu nombre en el vaso genera una doble labor, obligando a pasar una misma comanda por dos personas, ya que no tendría ningún sentido que la misma persona que anota tu nombre en el vaso sea quien te entregue el pedido. ¿Entonces por qué Starbucks insiste en retardar los tiempos de entrega y hacer más complicada su operación?

La respuesta es sorprendente: lo que a simple vista parece una pérdida de tiempo es una estudiada estrategia comercial que utiliza la Corporación Starbucks para generar diversos estímulos inconscientes en los clientes, ya que está demostrado científicamente que cuando mencionan nuestro nombre, se activan las zonas asociadas con el aspecto positivo del cerebro. Al mismo tiempo, los nombres propios tienen una referencia colectiva o de grupo, lo cual genera en las personas la ilusión del sentido de pertenencia social.

La próxima vez que vayas a un Starbucks, presta atención y verás que aunque seas la única persona en el lugar, anotarán de todas formas tu nombre en el vaso antes de entregarte el pedido.

Hace algunos años, realizando un curso de posgrado en la Universidad Argentina de la Empresa, conocí a Nelson Lucio da Costa, dueño de una importante empresa de seguridad privada especializada en prevención, una de las más reconocidas en todo el mundo dentro de su especialidad.

Nelson era una persona sumamente intrigante, quien solía asistir a todas las clases acompañado por su secretaria. Su extrovertida personalidad y carisma hacían que su presencia nunca pasara desapercibida. Permanentemente se mostraba interesado por escuchar a los demás y en escasas ocasiones solía hablar sobre sí mismo, y cuando lo hacía, era solo para satisfacer el pedido de otra persona. Le tomó solo dos días conocer a los sesenta y dos participantes del curso, y en menos de una semana memorizó los nombres de cada uno de ellos.

Había trabajado más de treinta años como vigilante en una empresa de seguridad privada hasta que cierto día, en un enfrentamiento armado, sufrió una lesión en la mano que lo imposibilitaría para utilizar armas de fuego por el resto de su vida. Al poco tiempo de aquel trágico episodio, su jefe decidió despedirlo. A sus 50 años, Nelson tenía varios motivos que lo obstaculizaban para conseguir un nuevo empleo, pero había uno en particular que lo atormentaba profundamente: era analfabeto.

Sin embargo, nunca se daba por vencido y en cada ocasión que la vida lo había puesto a prueba, en lugar de entregarse al desánimo y dejarse caer, tomaba aquello como un escalón de aprendizaje para seguir avanzando. Así fue como decidió sacar provecho a sus años de experiencia y montar su propia empresa de seguridad privada especializada en prevención.

Tal como lo había previsto, hacer funcionar su negocio sería difícil y con grandes dosis de incertidumbre, dos años y medio después de haber comenzado, su empresa no mostraba grandes avances, tenía muy pocos clientes fijos y generaba escasos ingresos.

Uno de los pocos clientes con los que contaba era la Universidad de San Andrés, donde casualmente conoció a un profesor del MBA de Administración y Negocio, quien luego de escuchar su historia y la de su empresa, lo invitó a disertar en una de sus clases. Al profesor le pareció que sería enriquecedor para su clase escuchar la historia de este humilde y perseverante emprendedor. Nelson, por su parte, estaba convencido de que su presencia en aquella clase sería motivo de burlas.

Sin embargo, al día siguiente, casi por obligación, Nelson asistió a la clase y expuso su caso. Para cuando terminó su disertación, se llevó dos grandes sorpresas, no solo porque todo un auditorio lo estaba aplaudiendo de pie, sino porque además esa noche volvió a su casa con decenas de tarjetas personales de gerentes y directores de importantes compañías que querían contratar los servicios de su empresa.

A las pocas semanas, Nelson se inscribió en dos cursos y un seminario en otras universidades, no como orador, sino como asistente, ya que había descubierto que las universidades eran un ámbito perfecto para intercambiar tarjetas personales y dar a conocer su negocio. Y aquello era innegable, puesto que en menos de un mes había cerrado más contratos que en los dos años y medio que llevaba abierto su negocio.

Con el correr de los años su empresa continúo creciendo, pero Nelson seguía manteniendo un profundo secreto. Llevaba una doble vida: la del triunfante hombre de negocios que daba trabajo a cientos de personas, y la del hombre torturado por el analfabetismo.

Mientras por las noches frecuentaba costosos seminarios y cursos en las universidades más importantes del país, durante las mañanas asistía a una escuela donde se esforzaba por aprender a leer y escribir. Durante muchos años tuvo que esconder lo que consideraba un secreto vergonzoso, y para ocultar que era analfabeto, recurría a su astucia y a la ayuda incondicional de su esposa, quien se hacía pasar por su secretaria personal. Ella solía acompañarlo a todas sus reuniones de negocios y para cuando llegaba la hora de llenar un formulario lo salvaba diciendo: «No se preocupen por esto, ustedes sigan hablando mientras yo lo hago», y se lo pasaba a Nelson cuando solo restaba firmar.

Mientras su empresa progresaba, Nelson comenzó a llevar la vida de un importante hombre de negocios, y esto lo obligaba a codearse cada vez más con contadores, abogados y empresarios.

Pasaron muchos años sin que nadie descubriera su secreto, ya que Nelson poseía una habilidad asombrosa para retener nombres, una habilidad que no le era nada ajena, ya que se había visto obligado a desarrollarla desde que era empleado en la empresa de seguridad.

Tan grande era su secreto que ni su propia hija sabía sobre su analfabetismo.

Una noche la niña le pidió que leyera un cuento antes de dormirse, y ese fue el día que Nelson recuerda como el más triste de su vida: «En ese momento hubiera dado todo el dinero que tenía por ser capaz de leerle un cuento a mi hija», admitió años más tarde.

Fue solo tras su retiro del negocio que se animó a contarlo. Allí fue cuando comprendí por qué el dueño de una empresa de seguridad privada asistía a clases acompañado por su secretaria. Sin embargo, hoy puedo decir con toda seguridad que ninguno de los sesenta y dos profesionales universitarios que cursamos aquel posgrado de Dirección de Empresas, logramos sacarle tanto provecho a ese curso como lo hizo el único profesional analfabeto que allí se encontraba.

Como ahora podrán entender, el resultado de un buen trabajo dedicado a construir una red de contactos nunca debe medirse por la cantidad de tarjetas personales que uno pueda reunir, sino por la cantidad de proyectos que surgen de cada una de ellas.

Para comienzos de 1999 estaba inscrito en la carrera de Comercialización de Empresas; sin embargo, necesitaba conseguir un empleo para poder costear mis estudios. El problema era que en aquel momento, conseguir un empleo, era una tarea difícil, el país estaba al borde de una crisis económica y las ofertas de empleo eran escasas. Aún no existían las páginas web de búsquedas laborales y la única forma de encontrar trabajo era a través del suplemento de empleos del periódico, en donde por lo general no aparecían más de veinte o treinta ofertas diarias. Comprar el periódico todos los días era un lujo que no podía darme, de manera que le pagaba diez centavos cada día al dueño del puesto de revistas de la esquina de mi casa, una décima parte del valor del mismo, para que me dejara ver dicho suplemento y anotar aquellas propuestas que me interesaban. Conforme fui creciendo descubrí que tenía un instinto natural para las ventas y estaba convencido de que podría ser un excelente vendedor, si alguna compañía me daba la oportunidad de demostrarlo. Mi estrategia para conseguir esa oportunidad se basaba en una nota periodística que había leído días atrás, inspirada en el famoso dicho anglosajón: *«Perception is reality»* («Percepción es realidad»), muy utilizado en la jerga del *marketing* y según el cual nuestra visión de la realidad está condicionada por la manera como interpretamos lo que ocurre a nuestro alrededor.

El artículo se titulaba *Percepción o realidad*, y hacía referencia a un nuevo alimento que Procter & Gamble había lanzado al mercado conocido como Olestra. Al parecer, el producto simulaba tener el sabor, la textura y el olor de la grasa pero no lo era, por lo que quien lo ingería, no subía de peso.

Al igual que las bebidas alcohólicas sin alcohol, el café sin cafeína y los dulces sin azúcar podían ser reales o no, según la percepción de cada consumidor, algún reclutador de recursos humanos podría verme como un verdadero vendedor o no, de acuerdo con la impresión que le causara en la primera entrevista.

El mexicano Víctor Gordoa en su libro titulado *El poder de la imagen pública,* afirma que el 83 % de las decisiones se toman por los ojos y que los primeros segundos constituyen el momento crítico en el que causamos la primera impresión. De hecho, muchos empresarios y políticos pagan sumas millonarias a consultores en imagen para ayudarlos a redactar sus discursos y ascender en su empresa; o, incluso, para ganar elecciones.

Así fue como durante los siguientes días me dediqué a redactar y memorizar un guion con el único objetivo de mostrarme seguro y causar la mejor impresión posible en las entrevistas laborales. Dos meses, y muchos rechazos después, aún continuaba en la búsqueda laboral, y cuando parecía que nada iba a cambiar, recibí la llamada de una importante empresa de telecomunicaciones, para coordinar una segunda entrevista con el gerente de ventas.

Al día siguiente me presenté puntual a la entrevista, esperé más de dos horas en el *hall* de ingreso de aquella compañía sin que nadie me recibiera. Finalmente, una secretaria me condujo hasta la oficina de aquel hombre, un lugar oscuro y sin ventanas que debido a la densa nube de humo de cigarrillo se veía aún más sombrío.

Sentado detrás de un inmenso escritorio marrón había un hombre desaliñado y con bastante sobrepeso hablando por teléfono, vestía un elegante traje gris, una camisa celeste arremangada y usaba la corbata desanudada. Mientras con una mano sostenía un cigarrillo a medio consumir, con la otra agarraba el teléfono para hablar.

Al verme llegar, apoyó el teléfono en su hombro sutilmente y, haciendo un gesto con la mano, me indicó que tomara asiento. Pasó otro largo tiempo hablando por teléfono como si ignorara por completo mi presencia. Minutos después, terminó su llamada y, sin antes haberse presentado, comenzó a lanzarme preguntas. En más de una ocasión interrumpió mis respuestas para lanzarme advertencias, como que nunca hubiera contratado a un vendedor sin experiencia o me viera demasiado joven para el puesto. Tan grande era su falta de interés que, sin dejarme responder como deseaba, me interrumpió una vez más.

—No dispongo de mucho tiempo —dijo mientras acomodaba algunos papeles de su escritorio—. Tienes un minuto para convencerme de que te contrate.

Me había sucedido antes estar frente a personas que no tenían el menor interés por escucharme y estaba acostumbrado a ser ignorado en ciertos ámbitos sociales, de manera que, con el tiempo, había aprendido a moverme con astucia cuando me encontraba en situaciones como esas.

—¿Qué fue lo último que compró? —pregunté con voz firme.

—No sé a qué viene esa absurda pregunta, pero voy a responderte así terminamos de una vez con la entrevista. Lo último que compré fue una tostadora eléctrica Philips — respondió con desdén.

—Y si le ofrecieran la posibilidad de comprar una tostadora, con las mismas prestaciones que la Philips, pero de una marca nueva, a la mitad de precio, ¿usted qué haría?

—¡Otra desatinada pregunta! —dijo al borde de perder su paciencia—. Por supuesto que elegiría comprar la tostadora a la mitad de precio, si tiene las mismas prestaciones y vale la mitad. Poco me importa que no sea Philips, solo necesito que pueda tostar bien el pan por la mañana.

—Y si alguien en su equipo de ventas, aun teniendo la posibilidad de pagar la mitad, eligiera comprar la tostadora Philips a un precio más alto, ¿qué diría usted?

—Diría que es un tonto, y ningún tonto merece estar en mi equipo de ventas —me dijo con una amplia sonrisa en su rostro.

—Eso es lo que me imaginé —respondí con tono firme—. Y si en este momento usted tuviera la posibilidad de contratar, por la mitad del sueldo, a un vendedor con menos experiencia, pero capaz de cumplir todos los meses con los objetivos de ventas de la compañía, ¿qué haría usted?

Finalmente aquel hombre que me había ignorado desde el momento que entré en su oficina, y cuyo nombre aún no conocía, pareció notar mi presencia por primera vez. Sin decir una sola palabra, tomó mi currículum de su escritorio y lo leyó en silencio. Minutos después, me entregó su tarjeta personal y se despidió. Fue solo hasta que salí de su oficina y leí su tarjeta personal que supe el nombre de aquella persona: José María Alsina.

Al día siguiente su secretaria se comunicó conmigo telefónicamente para explicarme que José María se había mostrado muy impresionado con mi desempeño en la entrevista laboral, a tal punto, que quería ofrecerme una oportunidad de trabajar en su equipo de ventas. Y de esa forma fue como conseguí mi primer empleo. Nunca supe si me había contratado por mi potencial como vendedor, o para no verse a sí mismo como un tonto.

En mi primer día de trabajo, José María me dejó una nota sobre mi escritorio que decía:

Estimado Fernando:

*Una persona ingresa a un trabajo por lo que
dice, pero se queda por lo que hace. Mucha
suerte en tu nuevo empleo.*

Atte. *José María*

Si bien los primeros meses no logré alcanzar los objetivos de venta como había prometido, José María estaba tan satisfecho con mi desempeño, que me hizo empleado efectivo al finalizar el tercer mes. Trabajé con él más de cinco años y llegué a ser uno de los mejores vendedores de la compañía.

La mayor parte de mis excompañeros de colegio, al terminar la secundaria se inscribieron en la universidad. Sin embargo, casi ninguno trabajaba, ya que la mayoría provenía de familias acaudaladas y podía darse el lujo de centrar todos sus esfuerzos en finalizar sus carreras universitarias en el menor tiempo posible, sin la necesidad de trabajar.

Por el contrario, muchos de mis excompañeros de barrio comenzaron a trabajar desde muy jóvenes como aprendices de algún oficio. Incluso, algunos, al terminar la escuela, hicieron cursos de electricista o gasista, con el objetivo de lograr establecerse por su cuenta. Los que tenían más conocimiento y ambición, comenzaron a contratar a otras personas, y así emprendieron pequeños negocios. Otros, por el contrario, prefirieron un camino más fácil, y comenzaron a trabajar como operarios o cajeros, posiciones que requerían de pocas habilidades pero tenían mejores salarios. Años más tarde, aún estando inconformes con sus empleos o profesiones, continuaban en esos puestos sin darse cuenta de que mientras más pasaban los años, más se estancaban.

Lo mismo sucedió con algunos de mis excompañeros de colegio que, sin estar convencidos de sus carreras universitarias, les dedicaron muchos años de estudio y terminaron ejerciendo profesiones que no los motivaban, ni mental ni económicamente.

La motivación es el combustible que impulsa a las personas a superarse, a ser más valorados, a conseguir un empleo mejor pagado o, incluso, a emprender. Muy pocos saben que la palabra «motivación» proviene del término latín *motivus*, que traducida al español quiere decir «la causa del movimiento». Para estar motivados es fundamental descubrir cuál es la causa que nos moviliza, la verdadera razón que nos dará el impulso necesario para realizar determinadas acciones y persistir en ellas hasta culminarlas.

Personalmente, logré aprender el verdadero significado de la palabra «motivación» gracias a dos excompañeros de barrio quienes, a pesar de su humilde origen, dejarían claro que cuando se tiene motivación es posible superar cualquier obstáculo, incluso contra todos los pronósticos.

Cuando tenían diecinueve años, estos dos amigos de los que quiero contarles, comenzaron su primer negocio. Por aquellos años, en Buenos Aires comenzaba la prohibición para la venta de bebidas alcohólicas por la noche y, como es natural, algunos negocios surgen de las situaciones más críticas, ya que gracias a aquella prohibición estos dos amigos encontraron una oportunidad de negocio realizando entregas de bebidas alcohólicas a domicilio, una actividad comercial que aún no se encontraba regulada.

Solo un mes después de la prohibición, los dos amigos compraron las primeras heladeras y se hicieron de un pequeño *stock* de bebidas para comenzar a trabajar. Durante los primeros meses utilizaron el garaje de la casa de uno de ellos como centro de operaciones, y el emprendimiento parecía funcionar a la perfección. Era un negocio simple: mientras uno salía a hacer los repartos, el otro tomaba los pedidos por teléfono.

Dos años después, el negocio había crecido tanto que comenzaron a tomar pedidos por internet. Habían alquilado un gran depósito y tenían más de veinte repartidores trabajando para ellos, con los cuales podían hacer entregas en toda la ciudad.

Precisamente en el momento en que todo marchaba a la perfección, comenzaron las dificultades y las cosas se tornaron realmente difíciles. Debido a que su actividad aun no se encontraba regulada por el código comercial, la policía hallaba continuamente excusas para confiscar sus envíos, a tal punto que estaban poniendo en riesgo su pequeña empresa; debían tomar una decisión, y debían hacerlo rápido.

A primera vista solo parecían tener dos opciones: cerrar el negocio y vender los activos, o continuar y arriesgarse a perderlo todo. Pero estos dos amigos estaban motivados por su causa, en menos de un año su negocio había llegado a facturar 500.000 dólares, daban trabajo a más de treinta personas y no tenían ninguna intención de rendirse sin antes pelear por ello.

Esa misma semana tomaron una decisión. En lugar de cerrar su negocio, doblarían su apuesta e invertirían todo su dinero en la compra del fondo de comercio de una vieja tienda de disfraces que estaba a punto de cerrar sus puertas.

Probablemente en este momento se estarán haciendo la misma pregunta que nos hicimos muchos al enterarnos de dicha decisión: ¿Por qué invertir todo su dinero en una vieja tienda de disfraces? La respuesta se encontraba en un concepto que había escuchado en la universidad en más de una ocasión y casi nunca le había prestado la menor atención: «Decisiones creativas».

A diferencia de lo que cualquier persona haría, ellos no invertirían en nuevas motocicletas para reducir los tiempos de envíos, nuevas máquinas de hielo con mayor poder de enfriamiento o cámaras refrigeradas con mayor capacidad; esta inversión era completamente diferente.

Estadísticamente, el 90 % de los negocios experimentan problemas o transitan situaciones críticas en algún momento de su existencia. En la mayoría de los casos, sus dueños no toman decisiones rápidas y en consecuencia sus negocios terminan desapareciendo; sin embargo, muchos otros toman decisiones creativas y logran reinventarse.

Este fue el caso de Howard Schultz, un vendedor de electrodomésticos quien en un viaje a Milán (Italia) entró en un café y se impresionó con aquel lugar donde la gente pasaba largas horas conversando, discutiendo y bebiendo cafés en tazas de diferentes tamaños. Al regresar a Estados Unidos, Schultz renunció a su empleo y en 1982 comenzó a trabajar en una cafetería de Seattle como responsable de compras.

La cafetería se llamaba Starbucks, tenía cuatro establecimientos y había sido fundada en 1971 por tres amigos para vender granos de café tostado. Cuando Schultz les propuso copiar el modelo de cafeterías italianas, la respuesta fue un rotundo no. Ante este revés, Schultz montó su propia cafetería en 1986, Il Giornale, un pequeño café en el centro de Seattle que tuvo tanto éxito, que tan solo dos años después, terminó comprando la compañía a sus antiguos empleadores. Así fue como empezó el emprendimiento que lo llevó a facturar 10.000 millones de dólares anuales y a tener 200.000 empleados en 17.000 tiendas repartidas en cincuenta y cuatro países.

Hace algunos años, Starbucks sufrió las primeras pérdidas de su historia. Durante treinta años había crecido a un ritmo superior al 40 % anual. Abrieron más de mil cafeterías en cinco años y su valor bursátil se había triplicado en los últimos años, alcanzando los 20.000 millones de dólares. Sin embargo, a principios del 2008 todo había cambiado, sus ventas empezaron a caer y la compañía entró en pérdida.

El 20 de febrero del 2008, Howard Schultz tomó una decisión arriesgada: cerraría las puertas de todos los locales de su compañía, más de 7.000 en todo Estados Unidos. Schultz creía que la empresa había crecido tan rápido que había perdido su esencia. Starbucks había perdido la relación emocional con sus clientes, quienes iban a los establecimientos no solo por el café, sino por un sentimiento de comunidad. La primera decisión que tomó, luego de cerrar los locales, fue colocar en la puerta de cada uno de ellos, un cartel que decía: «Nos estamos tomando un tiempo para perfeccionar nuestro café, un gran café requiere práctica y por eso nos estamos dedicando a mejorar nuestro arte...»

Asimismo, Schultz se propuso que todos sus empleados fuesen nuevamente sensibles al trato personalizado que antes los había diferenciado, por lo que comenzó una campaña de capacitación para los más de 135.000 trabajadores de la cadena.

El cierre de los establecimientos provocó pérdidas por más de 6 millones de dólares y los competidores aprovecharon la coyuntura para hacer ofertas cada vez más agresivas con el objetivo de arrebatarle clientes. Simultáneamente, Schultz puso en marcha un plan de fidelización para los empleados, a quienes concedió mejores beneficios; es decir, una clara estrategia de inteligencia emocional. Al mismo tiempo, cerró más de ochocientos establecimientos y decidió despedir a miles de trabajadores. El resto de las tiendas fueron rediseñadas de manera creativa y se pusieron en marcha nuevos procesos para mejorar la eficiencia en la fabricación de los productos. Por último, renegoció los contratos de alquiler y redujo drásticamente el número de proveedores de la compañía.

En pocos días, Howard Schultz se había reunido con miles de encargados de sus tiendas, realizado presentaciones ante los analistas bursátiles y visitado a los principales proveedores de café. En menos de dos meses había conseguido salvar su negocio. Hoy, la cadena cuenta con más de 17.000 cafeterías y es la tercera del mundo en número de establecimientos por detrás de Subway y McDonald's.

Otro ejemplo es Kodak, una empresa con más de cien años de historia en el mercado, la mayoría de ellos consolidada en el negocio de los rollos de película, el cual representaba un 95 % de sus ingresos —con lo que tuvo un éxito arrollador— hasta que desafortunadamente, en 1975, un grupo de ingenieros inventó la máquina de fotos digital, lo que provoco que varios años después se dejaran de usar los rollos de película.

Lo irónico del caso es que fue su propio grupo de ingenieros el que realizó aquel descubrimiento que años después pondría en jaque el negocio. Para los años 90, el consejo de dirección de la empresa admitió públicamente que el negocio de rollos de película estaba en decadencia y no se volvería a recuperar jamás. Fue así como la compañía se planteó buscar un nuevo modelo de negocio, y decidieron reinventarse. Durante seis meses invirtieron todos sus recursos en la investigación y creación de patentes para lanzar nuevos productos y soluciones de imagen digital. Fue gracias a su nueva estrategia comercial que la empresa finalmente logró salvarse. Actualmente, el 80 % de la facturación de Kodak proviene de productos digitales.

Reinventarse es posible, incluso luego de varios años en el mercado. De hecho, hay un caso todavía más antiguo, un negocio que supo reinventarse luego de tres milenios: el circo.

El circo es uno de los negocios más antiguos de la humanidad. Comenzó en el antiguo Egipto hace 3.000 años, y era el escenario donde se realizaban actos de malabarismo, acrobacia y equilibrio.

El negocio funcionó a la perfección durante siglos, hasta que las nuevas alternativas de entretenimiento como la televisión por cable, los videojuegos e internet pusieron a los circos tradicionales al borde de su extinción. Sin embargo, dos artistas supieron rediseñar el negocio, que tras tanto tiempo parecía imposible reflotar.

Así fue como Guy Laliberté y Daniel Gauthier, dos canadienses con experiencia como artistas callejeros, fundaron el Cirque du Soleil. Su primera decisión fue redefinir el concepto del *show*. En el nuevo modelo de negocio el circo dejó de ser una sucesión de equilibristas, payasos y animales, para convertirse en la representación de una historia que avanza a través de la articulación de estas especialidades.

Los circos tradicionales solían armar un espectáculo y luego se dedicaban a representarlo por todo el mundo. Sin embargo, el Cirque du Soleil se planteó la meta estratégica de crear un espectáculo completamente nuevo todos los años. Para sostener este ritmo de innovación, Guy Laliberté implementó una serie de procesos que nada tienen que envidiar a las corporaciones más innovadoras del mundo.

Tradicionalmente los ingresos de los circos provenían, casi con exclusividad, de la venta de entradas, pero Guy y Daniel decidieron diversificar los ingresos basándose en la creación de una poderosa y atractiva imagen de marca asociada a la calidad e innovación constante. Los ingresos de su circo se basan en un modelo de esponsorización que cuenta con auspiciantes de primera línea como IBM, Porsche y Visa. Actualmente, Cirque du Soleil recibe a siete millones de personas en sus espectáculos y factura unos 600 millones de dólares anuales.

Al igual que estos prestigiosos empresarios, los dos amigos tomaron una decisión creativa donde, por medio de su visión y astucia, lograron encontrar la forma de sacar adelante su negocio. Utilizaron los disfraces de la tienda que habían comprado para vestir a sus repartidores, y de esa original forma evitaban que la policía continuara confiscando sus entregas.

Al parecer, cuando los repartidores salían disfrazados a entregar los pedidos, la policía nunca los detenía, ya que aparentaban ser jóvenes camino a una fiesta de disfraces, lo cual no despertaba ningún tipo de sospecha.

Años más tarde, los dos amigos vendieron la empresa de distribución de bebidas para comenzar una empresa de *catering* corporativo. Para ello, se asociaron con un prestigioso chef, alquilaron una hermosa oficina en Recoleta, uno de los barrios más exclusivos de la capital argentina, y realizaron una importante inversión en imagen de marca.

Si bien al comienzo su empresa de *catering* tenía algunos clientes esporádicos, de nuevo se encontraron ante una dificultad. Dada su falta de trayectoria en el rubro, nadie los tomaba en serio; en consecuencia, continuamente perdían la posibilidad de trabajar en los grandes eventos. La habilidad comercial de estos jóvenes se había puesto a prueba, pero una vez más volvieron a demostrar que su ingenio y motivación no tenían límites.

Decidieron hacer una nueva inversión y compraron una lujosa camioneta Mercedes Benz, a la que plotearon completamente con el nombre y logo de su empresa. Era curioso, puesto que recientemente habían adquirido una furgoneta con la que podían hacer toda la logística de su negocio. Sin embargo, no habían comprado la camioneta Mercedes Benz para hacer envíos, tenían otros planes para ese vehículo.

Así fue como durante los siguientes seis meses, se dedicaron a buscar diariamente en los periódicos los eventos más importantes del momento, y cada vez que encontraban uno, estacionaban su nueva camioneta ploteada frente al lugar, y mientras uno de ellos se quedaba en el vehículo simulando ser el chofer, el otro repartía tarjetas de su *catering* a la gente que se retiraba, de tal forma que todas las personas que salían del evento suponían que aquella empresa de *catering* había sido la encargada del servicio. Al poco tiempo comenzaron los llamados y durante los siguientes años sus clientes fueron creciendo. Su empresa cada vez se hizo más conocida por su calidad y servicio, demostrando que lo único que necesitaban estos dos emprendedores era una oportunidad.

Hace algunos años, sentí un enorme orgullo al enterarme de que la empresa había sido la elegida para realizar el *catering* de homenaje, en Argentina, por la boda real de la princesa Máxima de Holanda, un evento tan exclusivo que estuvo reservado solo a las personas más influyentes del país.

Era el año 2003, había pasado tres años trabajando en la empresa de telecomunicaciones, conocía a todos mis compañeros de oficina y me había hecho amigo de algunos de ellos. Sin embargo, había una persona en particular a la que nunca terminé de conocer. Se llamaba Iván Stoeckel y, aunque era el chofer personal del presidente de la compañía, también solía trasladar a los vendedores cuando teníamos que asistir a alguna reunión comercial si el presidente estaba de viaje.

Iván era un hombre callado, su español no era muy bueno, y estoy seguro que eso se debía a que no hablaba mucho. Cuando viajaba en su auto y le preguntaba como estaba, simplemente respondía con voz gruesa y firme *«horosho»,* que significa «muy bien» en ruso. Solía estar con el ceño fruncido, como si una desgracia distinta le ocurriera todos los días, y cada vez que lo miraba parecía estar murmurando algo pero sin emitir sonido, como quien se lamenta internamente por un algún error del pasado.

Iván solía decir que era el tataranieto de un importante político que había servido al zar de Rusia Alejandro II y que su familia, al ser humillada por otros camaradas, había decidido huir de Rusia y después de pasar por varios destinos, terminaron instalándose en Buenos Aires, sin que ninguno de ellos hablara una sola palabra de español.

Con Iván manteníamos una rutina bastante particular, cada vez que me subía a su auto, luego de examinarme por un buen rato a través del espejo retrovisor, me preguntaba si iba a una reunión para hacer algún negocio, y cuando le respondía afirmativamente, él me contaba la historia de un negocio desastroso.

—En 1876 —comenzaba a relatar—, Western Union Telegraph envió una comunicación interna donde decía que un tal Alexander Graham Bell les había ofrecido venderles un invento llamado «teléfono». «Este invento», explicaban, «tiene muchas cosas en su contra para ser considerado un medio de comunicación, el aparato no tiene ningún valor». Frente a esa negativa, años después, Bell fundó la Bell Telephone Company en Boston, donde realizó la primera conversación telefónica de la historia. En paralelo, para hacerle competencia al hombre al que habían rechazado años atrás, la Western Union decidió contratar a otros dos genios de la época: Elisha Gray y Thomas Alva Edison, pero fue en vano. La compañía de Bell, por el contrario, se impuso y cambió su nombre a American Telephone and Telegraph, conocida actualmente como AT&T, que años después se convirtió en la principal proveedora de telecomunicaciones del mundo.

Cuando Ivan terminaba de contar sus historias se mantenía en silencio hasta que llegaba a destino, pero justo antes de que me pudiera bajar del auto él se despedía diciendo:

—¡Ese, fue un mal negocio! —Y, como si nunca hubiese dicho algo, volvía a mirar al frente, ponía el motor en marcha y se marchaba.

En otra ocasión, este fue su relato:

—En 1962, Dick Rowe, un respetado productor musical, recibió a un cuarteto de jóvenes que necesitaban grabar un disco. El productor los escuchó y los rechazó diciendo que «esa música de guitarra estaba en decadencia». El grupo se hacía llamar The Beatles, aquella banda que resultó ser el máximo exponente de la música popular del siglo XX. —Y agregó—: ¡Ese fue un mal negocio!

Y, como era costumbre, automáticamente volvía la vista al frente y evitaba cualquier tipo de mirada que diera lugar a preguntas.

Otro día, mientras viajaba en su auto, Iván notó mi cara de aburrimiento y para mi sorpresa comenzó un diálogo:

—Kevin Costner —dijo con su típico tono autoritario.

Pensé, de manera ingenua, que tal vez me contaría sobre alguna película que había visto, así que respondí con entusiasmo:

—¡Es un gran actor y soy gran admirador de todas sus películas!

Ivan levantó la vista y me miró atraves del retrovisor con una clara expresión de desaprobación en su fruncido rostro, suspiró profundo y continúo su relato:

—En 1990, Costner era el hombre más poderoso de Hollywood. Había terminado de filmar *Danza con lobos* y poseía todos los premios que un americano podía ganar en el cine. Sin embargo, algunos años después produjo *Waterworld,* una película que le costó 229 millones de dólares y fue la segunda más cara de la historia solo superada por *Titanic,* pero no logró recaudar ni el 50 % de lo invertido. Dos años después, produjo otra película: *El mensajero,* que le costó 80 millones de dólares y solo recaudó 16 millones. ¡Ese fue un mal negocio!

Su particular tono de voz al hablar y la forma en la que contaba sus historias, dejaba ver que Iván necesitaba desahogarse y, por alguna razón, lo hacía enumerando los fracasos comerciales de otras personas.

Cierto día decidí ponerlo a prueba, quería ver qué sucedía si yo comenzaba la conversación hablando sobre una empresa exitosa. Tal vez su discurso cambiaría y terminaría contándome sobre algunos buenos negocios de la historia. Recordé que hacía muy poco tiempo Google se había convertido en la empresa más valiosa del mundo, de manera que decidí comenzar a hablar de ello.

—Parece que quieren vender Google —le dije mientras miraba por la ventana, haciéndome el distraído, y continúe después de una pausa—: Este año se convirtió en la empresa más cara del mundo y está valorada en más de 100 mil millones de dólares.

Cuando terminé mi relato, me quedé observando su expresión por el espejo retrovisor, como era de costumbre, Iván frunció el ceño, levantó la vista y me observó con su tradicional mirada escrutiñadora. Hizo una pausa para meditar mis palabras y, segundos más tarde, respondió:

—En el año 2000, cuando todos creían que las «punto com» iban a cambiar la economía mundial, la mayoría terminaron yendo a la quiebra. Solo un año antes, en plena crisis, el CEO de Yahoo, Terry Semell, recibió en su oficina a dos jóvenes que tenían un buscador poco popular y estaban interesados en vendérselo a su empresa; lo habían llamado «Google». Los creadores de Google dijeron que su buscador costaba un millón de dólares y el presidente de Yahoo dijo que el precio estaba excesivamente inflado, les cerró las puertas y nunca volvió a hablarles. ¡Ese fue un mal negocio!

Durante los siguientes dos viajes que hicimos juntos, Iván no emitió una sola palabra. Llegué a pensar que mi relato lo había enfadado, por lo que decidí investigar un poco sobre los peores negocios que se habían hecho a lo largo de la historia, a modo de poder entablar nuevamente una conversación con él sobre ese tema que tanto parecía apasionarlo.

Cuando me volví a subir a su auto estaba listo para contarle un negocio realmente nefasto, así que ni bien puso en marcha el motor comencé mi relato:

—En el 2001 —dije con seguridad— Enron, una de las empresas de energía más grandes del mundo, reportó ganancias por más de 1.000 millones de dólares, y para finales de ese mismo año la empresa, se presentó en quiebra, con una deuda total de más de 30.000 millones de dólares. ¡Creo que ese fue un mal negocio!

Terminé de contar mi relato y me quedé en silencio, esperando que Iván dijese algo, pero para mi sorpresa, él se mantuvo en silencio. Era la primera vez que lo había visto tan dubitativo; incluso, por momentos parecía estar desorientado. Finalmente, después de una larga pausa, Iván respondió:

—Hace más de 140 años, mi tatarabuelo hizo el peor negocio de la historia, el zar de Rusia, Alejandro II, tenía muchos problemas económicos en San Petersburgo, por lo que mi tatarabuelo, Eduard Andreevich Stoeckel, le propuso vender la hermosa Alyeska, y de esa forma poder pasar el difícil momento. Así fue como el 30 de marzo de 1867, Rusia vendió a Norteamérica nuestra querida «Alaska», como la llaman los yanquis, por la módica suma de 7.2 millones de dólares, lo que equivaldría hoy a 100 millones de dólares, una operación que fue pagada en un solo cheque. Solamente diez años más tarde los americanos encontraron petróleo en Alaska, fue una desgracia para mi familia. En la actualidad, ese estado es el principal proveedor de oro y petróleo de Estados Unidos, con un PBI de 50 mil millones anuales. ¡Ese fue el peor negocio de la historia, y lo hizo mi antepasado!

En ese momento, por primera vez logré comprender el verdadero motivo por el cual Iván solía hablar siempre sobre nefastos negocios. Todo se debía a la humillación que él y su familia sentían por los malos negocios que había hecho su antepasado. Estuve a punto de darle la razón y decirle que ese era el peor negocio de la historia, pero en ese instante recordé una nota que había leído la noche anterior cuando buscaba en internet registros de malos negocios en la historia.

Automáticamente, y para sorpresa de Iván, negué con la cabeza, y le respondí que ese no era el peor negocio de la historia. Su cara se transformó por completo, tenía una profunda expresión de ira en todo el rostro; para ser honesto, nunca en esos tres años lo había visto tan enfadado. Luego de unos minutos volvió a tranquilizarse. Aún con un poco de cólera en su voz, comenzó a explicarme que él y su familia esperaban con ansias conocer a alguien, en algún lugar del mundo, que hubiera hecho un peor negocio y de esa forma poder destronar a su tatarabuelo de aquel humillante título.

Sorprendido, al ver que mi postura no cambiaba, estacionó el auto y se volteó por completo para observarme.

—Te voy a contar cuál fue el peor negocio de la historia —le dije con tono firme —. En 1625, un general holandés llamado Peter Minuit fue enviado por la Corona de los Países Bajos rumbo a América del Norte. Luego de pasar algunos meses en el Nuevo Mundo, se encontró con los lenape, nativos americanos que habitaban en la zona donde actualmente se encuentra el estado de Nueva York. El general Minuit pasó varios días negociando con ellos la compra de una pequeña isla, de apenas 87 km², situada en la desembocadura del río Hudson. Finalmente llegó a un acuerdo con la tribu y compró la isla por 60 gulden holandeses, el equivalente actual a unos 1.000 dólares estadounidenses. Hoy la isla es conocida como Manhattan y es el lugar más caro del mundo por metro cuadrado, tal es así que en el 2011 una conocida tienda de indumentaria llegó a pagar 324 millones de dólares por un solo local en la famosa Quinta Avenida. ¡Estoy seguro que ese fue el peor negocio de toda la historia!

Cuando llegamos a mi destino, Iván se bajó del auto, abrió mi puerta y estrechó fuertemente mi mano como gesto de agradecimiento. Esa fue la primera vez que vi a Iván con una sonrisa en su rostro. Después de aquel viaje, nunca más volví a verlo. Por medio de otras personas, supe que ese mismo mes renunció a la empresa.

A lo largo de mi carrera, tuve la suerte de estudiar y analizar gran cantidad de casos de negocios con resultados desastrosos y estoy convencido que de los fracasos es de donde más se aprende. Si hay una característica que define a un hombre de negocios exitoso, ya sea el emprendedor que está montando una *startup* o el empresario que lanza una nueva línea de negocios en su empresa, es la capacidad de identificar oportunidades y actuar frente a ellas. Un emprendedor o empresario oportunista debe tener la capacidad de aferrarse rápidamente a aquello que lo pueda ayudar a vender más o a dar un mejor servicio, y nunca dejarlo escapar.

En cuanto a mi amigo Iván, me gusta pensar que volvió a Rusia, fue al pueblo natal de su tatarabuelo y logró contarles a todos sus camaradas la historia del peor negocio del mundo, la venta de la isla de Manhattan, y que finalmente él y su familia pudieron volver a vivir con orgullo en su tierra natal; pero es algo que nunca vamos a saber.

Mi empleo en la empresa de telecomunicaciones me consumía todo el día, por lo cual, tenía cada vez menos tiempo libre. De todas formas, siempre trataba de hacerme un espacio para pasar por la empresa de Isaac y sentarme a escuchar sus increíbles historias de negocios. Con los años nos habíamos vuelto amigos y él se veía a sí mismo como un tutor de negocios para mi vida.

Hacía pocos días, Isaac me había pedido que lo acompañara al cierre de un negocio ya que, según decía, los contratos tenían cada vez letras más chicas y él cada vez veía menos. Sinceramente, desconocía el verdadero motivo por el cual estaba tan interesado en que yo estuviera con él aquel día, pero sí estaba seguro de que ese contrato ya había sido revisado por su abogado varias veces, ya que Isaac era una persona extremadamente precavida y nunca dejaba nada al azar.

Finalmente llegó el día de la firma. En mi corta experiencia comercial había aprendido que llegar tarde a una reunión de negocios se interpretaba como una falta de interés, de manera que aquella tarde salí un rato antes del trabajo para poder llegar a tiempo a la reunión.

Cuando entré en la enorme sala de reuniones de la empresa de Isaac, me encontré con la sorpresa de que aquellas personas habían llegado mucho antes. Saludé atentamente y tomé una copia del contrato que estaba sobre la mesa. Frente a mí, dos personas a las que jamás había visto antes conversaban animosamente con Isaac acerca del contrato. A juzgar por la expresión de sus rostros, parecían estar muy conformes con las condiciones allí descritas.

Para cuando terminé de leer aquel documento, me encontraba bastante confundido, no podía creer lo que había leído. Hacía más de cuarenta años que Isaac fabricaba y vendía sus propias telas a las tiendas de ropa más importantes del país. Sin embargo, según ese documento, su empresa se comprometería a darle a estos dos extraños la exclusividad en la comercialización de sus telas por los próximos cinco años, lo que suponía un giro de 180 grados al modelo actual de su negocio.

No quería parecer sobresaltado, así que cuando terminé de leer, apoyé delicadamente las hojas en la mesa y me quedé observando todo sin decir una sola palabra. Tenía la esperanza de que nadie notara mi presencia y, sobre todo, que ninguno de los allí presentes me hicieran preguntas.

Sin embargo, a los pocos segundos escuché la voz de Isaac.

—¿Está todo bien ahí?

Estaba petrificado. En realidad, no sabía lo que debía responder. Así que solo atiné a asentir tímidamente con la cabeza.

—¡Perfecto, caballeros! ¡Está todo listo para comenzar! —dijo Isaac sin mover un solo músculo de la cara.

Luego se levantó del asiento, firmó los documentos y se los fue pasando a aquellos hombres para que hicieran lo mismo. Minutos más tarde se habían ido todos, pero yo seguía allí sentado, solo, en la gran sala de reuniones. A los pocos minutos, Isaac regresó, se sentó a mi lado y me dijo:

—¿Aun después de tantos años no has superado el miedo a los cambios? ¿O es el miedo al fracaso lo que te paraliza ahora?

Nunca antes había cuestionado nada de lo que Isaac me decía, pero esta vez no estaba completamente de acuerdo con lo que había hecho.

—¡Isaac! —dije con cólera—. Hace cuarenta años que fábricas y vendes tus propias telas. Es parte de tu vida. ¿Por qué vas a darle parte de tu negocio a estos hombres? No lo entiendo.

Y, con su característico tono suave de voz, capaz de calmar a cualquier fiera salvaje, me respondió:

—Todos mis errores en los negocios surgieron por ser demasiado sentimental y dejar de lado la razón. Ese es el error más común de un empresario, y muchas veces nos lleva a tomar decisiones lentas, apresuradas o peor aún, nunca tomarlas. Con el tiempo vas a aprender que no tomar decisiones es el peor error que puede cometer un empresario. Emprender un nuevo negocio o realizar cambios en una empresa, puede ser un poco más difícil al comienzo, es probable que se tarde más de lo previsto y casi seguro aparecerá algún obstáculo inesperado, pero los errores se solucionan y los cambios son evolución.

Esa tarde, cuando regrese a mi casa, comprendí que Isaac nunca había necesitado mi ayuda. El verdadero motivo por el cual quería que lo acompañara aquel día era ayudarme a mí.

Hace algunos años, en un congreso de comercio exterior, escuché a un reconocido economista iraní contar una historia que me ayudaría a entender mejor los consejos del viejo Isaac.

La historia trata de Nashrudín, un sabio maestro sufí que quería darle una lección sobre mediocridad a su discípulo.

Un día, mientras se encontraban de paso por un pueblo, el maestro ordenó al joven ir en busca de la casa más humilde que pudieran encontrar para hospedarse en ella. Tras recorrer la zona, el discípulo encontró la casa de una familia con muy pocos recursos, sin camas donde dormir o leña para poder calentarse de noche. El único sustento que tenían era una vaca flaca, la cual les proveía un poco de leche.

Nashrudín y su discípulo pasaron toda la tarde y gran parte de la noche escuchando la serie de problemas que asechaba a la familia. Estaba claro que a pesar de todos esos problemas, se habían conformado con su suerte y no hacían nada para mejorar sus vidas. Al final de la conversación, el maestro prometió darles una solución al día siguiente, y esa misma madrugada, mientras todos dormían, degolló sigilosamente a la vaca flaca. Al ver esto, el discípulo, que se encontraba con él, se sorprendió y exclamó confundido:

—Maestro, ¿qué ha hecho? ¡Ha matado el único sostén de esta pobre familia, ahora van a morir de hambre!

El maestro pareció ignorar por completo a su discípulo y, sin darle aviso a la familia, partieron rápidamente del lugar.

Tres años más tarde, el maestro y el discípulo volvieron al pueblo donde vivía la humilde familia. Pasaron mucho tiempo buscando aquella pobre casa y nunca la encontraron. En su lugar, había una casa de dos plantas, muy bien equipada, que en nada se parecía a la precaria casa donde se habían albergado. Al ver esto el discípulo pensó: «Pobre gente seguramente al no tener ningún sustento abandonaron su hogar y murieron de hambre».

Ambos entraron en la casa y el discípulo se sorprendió al ver que allí seguía viviendo la misma familia. El jefe del hogar se sentó junto al joven discípulo y le contó lo sucedido:

—Nuestra pesadilla comenzó la madrugada en la que ustedes partieron. Al despertar, nos dimos cuenta de que alguien había degollado a nuestra vaca y caímos en la desesperación. Creímos que estaba todo perdido, así que decidimos llevar la vaca al mercado para vender la carne y el cuero, y usamos el dinero de la carne para comprar semilla y la ganancia del cuero para comprar gallinas. Al ver que nuestro único sustento había desaparecido, nos vimos obligados a buscar otra alternativa para vivir. Usamos parte de nuestra parcela para sembrar, así descubrimos que mientras más trabajábamos más dinero teníamos, y así pudimos llevar una mejor vida.

Muchos de los negocios más exitosos y los comerciantes más astutos de nuestros tiempos, fueron simples empleados que se encontraban en situaciones cómodas, económica y laboralmente hablando, o personas que poseían negocios estancados sin mayores aspiraciones. Lo que es seguro, es que el miedo a fracasar no los dejaba avanzar, y muchos de ellos, nunca se hubieran animado a dar ese salto si no fuera porque de una u otra forma el destino los obligó.

Muchas veces la vida que llevamos nos hace estar en una situación conformista. Esa es nuestra «vaca flaca». Solemos justificar nuestra mediocridad y buscar personas que se identifiquen con nuestras «vacas flacas», para convencernos de que no necesitamos ningún cambio.

El motivo por el cual Isaac ansiaba que estuviera con él aquel día, era para enseñarme una importante lección: NUNCA es tarde para cambiar. Y, para poder hacerlo, es fundamental perder el miedo al fracaso.

No es fácil abandonar nuestra «vaca flaca», y menos cuando estamos cómodos. Seguramente necesitemos la ayuda de otro para hacerlo, pero si no comenzamos por perder el miedo al fracaso, es probable que repitamos aquel estancamiento a lo largo de nuestras vidas.

Muchos grandes empresarios se vieron forzados por situaciones inesperadas y la vida, casi por obligación, los fue forzando a dar un salto. Aunque les resulte difícil de creer, el comercio tiene su origen en la desesperación. Lo cierto es que miles de años atrás, los primeros comerciantes surgieron obligados por el destino. Fueron granjeros quienes, al ver que los animales comenzaban a reemplazar su trabajo, decidieron buscar nuevas fuentes de ingreso para mantener a sus familias. Aquellos que no cosechaban comenzaron a especializarse en otras áreas, como la alfarería o la siderurgia, luego sus artefactos eran canjeados por los excedentes de las cosechas de los agricultores; de esa forma surgieron los primeros comerciantes.

Con el paso de los años no solo intercambiaban bienes y alimentos, sino también comenzaban a aportar innovaciones científicas y tecnológicas. Así fue como apareció el trabajo en hierro, el torno, la navegación, la escritura, las nuevas formas de urbanismo y muchas nuevas ciencias.

Lo mismo sucedió con algunas de las compañías más importantes del mundo, que tienen sus orígenes en la desesperación.

Ricardo Fisas, el fundador de Natura Bisse, comenzó su compañía en plena crisis de los años 60, luego de ser despedido de la empresa donde trabajaba. A raíz de ello, decidió comenzar a fabricar y vender cosméticos. Años más tarde fundó Natura Bisse S.A., una de las compañías más grandes del mundo en su rubro.

En 1940, luego de volver de la guerra, Sam Walton, desesperado y sin trabajo, pidió un préstamo de 20.000 dólares a su suegro para abrir una pequeña tienda en Newport, Arkansas, la cual más tarde se convertiría en la primera tienda Wall-Mart.

El mismo Steve Jobs, al ser despedido de su propia empresa, decidió crear Next Computer y Pixar, dos empresas líderes en sus mercados, las cuales más tarde se convertirían en la base para su vuelta a Apple.

El miedo al fracaso es nuestro obstáculo más grande al momento de querer emprender, nos inmoviliza y disminuye nuestra capacidad de actuar.

Thomas Alva Edison dijo que falló 10.000 veces antes de lograr inventar el filamento de carbón, el cual se utiliza actualmente en los focos de luz. Un reportero le preguntó si después del intento número 5.000 se había sentido desalentado. Edison le contestó que no había fallado 5.000 veces, sino que había triunfado al determinar las 5.000 maneras en las cuales su invento no funcionaba: «Haber fallado 5.000 veces significa que me encuentro 5.000 pasos más cerca de descubrir cómo hacerlo funcionar». Los científicos más importantes de aquel tiempo decían que Edison perdía su tiempo. Sin embargo, él nunca se detuvo; por el contrario, ignoró todas las críticas y continuó su proyecto sin temor a fracasar.

Conozco muchas personas que se quejan día a día sabiendo lo mal aprovechadas que están sus capacidades, muchos de ellos se sienten atrapados en un trabajo que no los satisface, ni económica ni mentalmente. El problema es que en lugar de invertir ese tiempo en buscar una mejor oportunidad, lo utilizan para pensar en cuán desdichadas son sus vidas, dejaron de avanzar y junto con ellos sus aspiraciones y sus sueños, para finalmente abandonar la carrera.

Lo primero que debemos aprender para comenzar un emprendimiento exitoso, es que el mayor obstáculo que tenemos entre nuestros objetivos y nosotros, es nuestra propia mente. Sin importar la edad, el género o la condición social, podemos atravesarla, si perdemos el miedo a fracasar.

El fracaso es parte esencial del éxito, cada fracaso es una oportunidad para aprender y corregir. Las únicas personas en este mundo que no fracasan son aquellos que no hacen nada, que ni siquiera lo intentan; por ello, el fracaso más grande no es equivocarse, sino nunca haberlo intentado.

Seis años después de haber ingresado a la empresa de telecomunicaciones, me nombraron jefe de ventas, de manera que debía ir a Nueva York para realizar una capacitación de dos semanas en la casa matriz de la compañía.

Hacía una semana que había llegado a esa maravillosa ciudad y aún no podía salir de mi asombro. Ya había escuchado antes decir que Nueva York era la capital económica del mundo y ahora entendía a qué se referían: la ciudad parecía no detenerse nunca. Mirara donde mirara, había nuevos negocios y sobre todo, nuevas ideas. Nueva York me había impactado.

Tras dos extenuantes semanas de capacitación, aproveché mi estadía en la ciudad para organizar algunas reuniones con clientes de la empresa. La última reunión pactada sería con Federico Álvarez, el dueño de una importante empresa de transporte marítimo, una de las cuentas más importantes que tenía la compañía. Con Federico manteníamos una excelente relación y con el correr de los años lo llegué a conocer no solo como empresario, sino también como persona.

En aquella época había un pequeño café sobre la 42 St. y Lexington Avenue llamado Saint Fort, uno de los más antiguos de Manhattan. Era un local sin grandes lujos; de hecho, uno de los menos llamativos de la ciudad, pero mantenía la tradición, el buen gusto y un excelente café, lo que lo convertía en el lugar favorito de Federico. Aquel café representaba las dos cualidades que, según él, debían ser la base del carácter de un buen empresario: sencillez y austeridad.

Federico no tardó en reconocerme y rápidamente se acercó para recibirme. Nunca se había parecido en nada al estereotipo de empresario de la época, era una persona sumamente informal y a simple vista parecía tener un aspecto desaliñado. Sin embargo, cuando uno se detenía a observarlo con detalle, se daba cuenta de que cada una de las prendas que vestía estaban perfectamente calculadas y no había nada improvisado en su apariencia, desde su reloj digital de pulsera Casio, su camisa Zara de cuello italiano sin corbata, las zapatillas All Stars, que siempre solía usar, y unos jeans bastante gastados que completaba su aspecto totalmente informal.

Estaba claro que su apariencia era parte de un claro mensaje que aquel hombre quería dar de sí mismo. Federico era, sin dudas, una de las personas más inteligentes que pude conocer en mi vida. Según decía, todo se lo debía a los libros, su fuente interminable de sabiduría.

Como toda persona inteligente no solía hablar mucho, lo hacía eventualmente para corregir algún dato de forma muy cordial, y nunca sin disculparse antes. Si uno prestaba atención, podía notar que nunca decía algo sin pensarlo varias veces antes. Sus ojos estaban constantemente entreabiertos como quien realiza un cálculo mental y, aunque decía que había perdido la audición en su oído derecho en un accidente cuando era niño, escuchaba más que la mayoría de las personas.

La conversación se extendió y tuve tiempo para comentarle, con mucho entusiasmo, acerca de todos los negocios nuevos y originales que había visto en esa ciudad. Le quería comentar sobre mi plan de comenzar un negocio propio, ya que su opinión era muy valiosa para mí y me intrigaba saber qué pensaba al respecto. Tomé fuerza y le lancé esa pregunta crucial, la misma que tiene toda persona cuando quiere emprender:

—¿Por qué habría de irme bien en el negocio que quiero comenzar? No requiere una inversión millonaria para comenzarlo y, a diferencia de todos los negocios que estoy descubriendo en Nueva York, tampoco es innovador.

Federico revolvió con calma su café y me preguntó serenamente:

—¿Y cuáles son esos negocios tan novedosos que descubriste aquí?

—Te doy un ejemplo —le respondí al instante—. Hoy cuando salí del hotel caminé dos cuadras hasta un local que alquilaba bicicletas por hora, usé la bicicleta para hacer un circuito turístico por Central Park y, al terminar, la dejé en una sucursal que estaba en la otra punta del parque. Parece que estaba todo calculado, porque seguí mi camino a pie, y unas cuadras después me encontré con una expendedora automática de café en medio de la calle, el cual pude pagar con mi tarjeta de crédito. Finalmente, cuando llegué a Times Square Garden, me senté en un banco, encendí mi *notebook* y pude leer el periódico *online*, ya que al parecer me habían regalado 60 minutos de internet gratis por ver tres publicidades antes. Quizás ahora entiendas por qué pienso que mi negocio no va a funcionar, simplemente porque no es tan innovador como todos estos que acabo de contarte.

Había una frase que Federico repetía con frecuencia, la cual todos deberíamos aprender: «La respuesta inteligente y pensada es siempre la respuesta adecuada», y ese era el motivo por el cual él siempre se tomaba unos segundos antes de responder.

Se sacó sus anteojos y, mientras limpiaba lentamente las lentes, me respondió:

—Hay dos opciones como punto de partida para comenzar un negocio. La primera es desarrollar un emprendimiento tan novedoso que nadie lo haya hecho antes. Eso le ofrece a cualquier emprendedor una clara ventaja frente a los demás, ya que ser el primero puede ser un gran diferencial. La segunda opción es imitar un negocio existente, mejorarlo y potenciarlo al máximo, como todos los negocios que mencionaste anteriormente.

Sinceramente no entendía a lo que se refería, estaba convencido de que todos los negocios que le había mencionado eran novedosos y por ello corrían con la ventaja de ser los primeros.

—Te lo voy a explicar —continúo Federico—. Esta mañana, cuando alquilaste una bicicleta en una punta de Central Park, y luego de usarla, pudiste devolverla en la otra punta del parque, creíste que alguien había inventado un negocio novedoso. Sin embargo, lamento decepcionarte, ya que hace más de seiscientos años los viajeros españoles podían hacer postas, alquilando un caballo en una ciudad y devolviéndolo en otra.

»Seguramente estabas muy agotado después del viaje, por lo que decidiste comprar un café de máquina en la calle y lo pagaste con tu tarjeta de crédito sin saber qué hace más de dos mil años los romanos bebían infusiones al paso en las Thermopoliums, y miles de años antes de que Frank McNamara creara la primer tarjeta de crédito, Diners Club, los romanos podían hacer uso del *Codex Accepti et Expensi* y pagar con créditos a diferido.

»Por último, mi negocio favorito: pudiste leer el diario gratis, olvidando que Gutemberg inventó la imprenta en el año 1440, y fue solo a partir de su revolucionario invento que pudo desarrollarse aquel negocio, incluso el de los diarios digitales.

Hizo una pequeña pausa y prosiguió:

—Los comercios tienen una cierta similitud con la naturaleza, solo sobreviven los más aptos y para ello necesitan adaptarse a las condiciones cambiantes. Esta evolución es producto de dos fuerzas opuestas: la herencia y la adaptación, solo que a diferencia de la naturaleza, los negocios no cambian por sí mismos, necesitan del cuestionamiento y observación del ser humano para ser adecuados y mejorados.

»Cuando vuelvas a casa y estés por comenzar tu negocio, recuerda estos dos consejos que voy a darte. Primero, debes observar cuidadosamente para determinar cuál será tu punto de partida. Segundo, cuestiona toda tu estrategia, incluso aquella que pienses que no puede estar sujeta a cambios.

Aquella charla en un austero café de Nueva York se transformó en la lección de negocios más importante de mi vida, y se había desarrollado bastante más lejos de la universidad donde estudié.

Muchos de los negocios más exitosos de la historia comenzaron cuestionando a otro negocio existente y, a diferencia de lo que se piensa, para mejorar un negocio que ya existe es necesario utilizar la creatividad al máximo. Este método tiene muchas ventajas, principalmente poder conocer y comprender todos los aspectos que se necesitan para llevar adelante el emprendimiento y, al mismo tiempo, minimizar los riesgos propios.

Jorge Luis Borges, considerado uno de los autores más destacados de la literatura del siglo XX, escribió al respecto: «La duda es uno de los nombres de la inteligencia». Aprender a cuestionar y observar son cualidades sumamente importantes para un emprendedor, impulsan a las personas a lograr avances inesperados y son herramientas fundamentales a la hora de desarrollar un plan de negocio.

Había recibido una invitación muy especial de mi *alma mater* para asistir a un importante seminario sobre negocios. El auditorio principal de la universidad estaba completamente repleto. Quien estaba a punto de exponer era ni más ni menos que uno de los empresarios más exitosos de los últimos años.

Al terminar su presentación, las preguntas no se hicieron esperar. Hubo una en particular, cuya simpleza en su respuesta, logró causar un estallido de aplausos que ensordeció por completo al exigente auditorio.

—¿Cómo hace usted para saber si le conviene invertir en un negocio o no?

—¡Qué buena pregunta! —respondió el empresario con una sonrisa—. A simple vista, parece que esa es la pregunta más difícil de responder para cualquier empresario, pero en realidad la respuesta es más simple de lo que nos imaginamos. Podría decirles que es un poco de instinto y un poco de olfato, pero para ser sincero, el instinto es para los jugadores y el olfato para los cocineros.

»Después de haberme equivocado muchas veces y de haber invertido en varios negocios sin ganar un solo centavo, aprendí que lo primero que debo hacer, antes de invertir en cualquier negocio, es un simple ejercicio matemático que consiste en comparar la rentabilidad estimada del proyecto en cuestión, con el interés que se obtiene si se deposita el dinero a plazo fijo.

»Lo que mucha gente desconoce es que los plazos fijos son siempre el piso de las rentabilidades que se pueden obtener y, si la rentabilidad que estimamos generar invirtiendo en un negocio es menor a la rentabilidad que tendríamos si depositamos el dinero a plazo fijo, quiere decir que… ¡ese negocio no es para nosotros!

»Solemos creer erróneamente que los empresarios exitosos tienen un sexto sentido para los negocios, cuando en realidad el secreto de su éxito está directamente asociado con su capacidad para analizar de forma efectiva todos los posibles escenarios de un negocio, incluso el escenario que incluye la posibilidad de no realizar el negocio.

»Otra afirmación falsa que solemos escuchar continuamente es que los negocios financieros son a largo plazo. La realidad es que podemos comenzar negocios financieros todos los meses, constituyendo pequeños plazos fijos mensuales, porque esta es la forma más efectiva de capitalización sin riesgo.

»La mayor parte de los consejos profesionales que pude aprender fueron fruto de experiencias vividas y las lecciones de las cuales más aprendemos provienen de nuestros propios errores; aquellos que si sabemos aprovecharlos, nos ahorrarán muchos problemas en el futuro.

Tanto a nivel profesional como en nuestra vida personal, cambiar no es fácil; sin embargo, si no cambiamos tampoco crecemos y en consecuencia nos estancamos. Lo mismo sucede con un comercio o una empresa: pueden crecer o decrecer, pero nunca mantenerse igual.

Isaac, el empresario que más admiro, me dijo una frase que puede resumir a la perfección esta situación: «Frente a los cambios tenemos dos opciones: podemos negarlos o aceptarlos, pero nunca podemos evitarlos».

Por aquellos años, las empresas de telecomunicaciones en Argentina comenzaban a diversificar sus negocios, de manera que muchas de ellas aprovechaban su *expertise* para ofrecer servicios *off-shore*.

La empresa donde trabajaba era una de ellas, y habían comenzado a ofrecer servicios de *call center* a Estados Unidos y Europa, en donde la mano de obra era más costosa. Había pasado el último año aprendiendo mucho sobre ese rubro, y estaba dispuesto a comenzar un pequeño *call center off-shore*.

La inversión para abrir el negocio era grande, pero seguía siendo un negocio muy rentable y estaba en plena expansión. El motivo de su auge se debía principalmente a la gran devaluación que había sufrido la moneda nacional en los últimos años. Para aquellos que no están familiarizados con el término, la devaluación es la pérdida del valor nominal de una moneda frente a otras monedas extranjeras. En otras palabras, todas las monedas de los países representan un valor, este valor está relacionado directamente con la riqueza de un país, de modo tal que la moneda en sí no tiene ningún valor fijo, y si el país no tiene más riqueza pero emite más moneda, esta termina perdiendo su valor; a eso se le llama «devaluación».

La empresa de telecomunicaciones donde trabajaba tenía clientes en todo el mundo, lo que me permitió conocer gente de distintos países. Había un empleado de una compañía telefónica española con el que había entablado una muy buena relación. Era un mongol de cuarenta años que había emigrado a aquel país en busca de una mejor forma de vida. Su nombre era muy difícil de escribir y más aún de pronunciar, de manera que, para ayudarnos a todos, él firmaba sus correos como Miyee Elbehjsb, una abreviación de su verdadero nombre.

Miyee era el menor de siete hermanos y se había criado en un pueblo cercano a una mina de carbón donde trabajaba toda su familia. Y cuando me refiero a toda su familia es literal, su papá y sus seis hermanos mayores trabajaban extrayendo carbón más de catorce horas diarias sin ver la luz del día. Su madre falleció cuando él nació y su única abuela vendía *buuz* (plato típico de Mongolia, una especie de albóndiga de cordero al vapor envuelta en vegetales) a los obreros de las minas, a quienes no se les permitía el descanso para el almuerzo, por lo que este alimento era una muy buena opción para comer sin detener su trabajo.

Miyee era el único de su familia que pudo acceder a una educación formal, su padre y sus hermanos habían logrado reunir el dinero necesario para poder enviarlo a Ulan Bator, la capital de Mongolia, donde había podido estudiar en una de las pocas escuelas católicas pupilas de su nación. Si bien toda su familia era budista y analfabeta, tenían la firme convicción de que si él se educaba en una escuela occidental, podría aprender las costumbres, terminar sus estudios y quizás viajar algún día al lejano occidente para conseguir un empleo y desde allí poder ayudar a su familia.

Miyee era jefe de compras de su compañía y también había advertido que todos los meses se incrementaba el pedido de teleoperadores argentinos para España. Ciertamente, él era uno de los pocos que podía entender a que se debía ese fenómeno, debido a que conocía perfectamente la palabra «devaluación».

Recuerdo que me había hablado en más de una ocasión sobre el tugrik, la moneda nacional de Mongolia. Era la moneda en curso de mayor denominación de todo el mundo y había sufrido una devaluación gigantesca; por ello, un dólar equivalía a 1.649 tugriks. Desde la caída del comunismo, la devaluación había sido tan fuerte en su país, que si bien aún existían monedas de 100 y hasta 200 tugriks, no se usaban como medio de pago sino que se vendían como recuerdos a los turistas, ya que su valor era casi inexistente, y cualquier dinero que les dieran por ellas ya era más que su valor nominal. En Mongolia también existía un billete de 50.000 tugriks, paradójicamente aquel billete, que había sido creado en épocas de guerra y revolución popular, tenía ilustrado en su dorso nueve estandartes blancos, símbolo que había sido creado por el propio Atila, en el Imperio huno, que simbolizaba los tiempos de paz.

Estaba claro que para aquella empresa española era más rentable hacer llamadas de larga distancia desde Argentina a España, y pagar sueldos en pesos argentinos, que hacer llamadas locales, y pagar sueldos en euros.

Como todo nuevo emprendimiento, tenía su cuota de incertidumbre, ya que Argentina aún no salía por completo de la crisis económica, pero si uno aprende a moverse con astucia, una crisis puede convertirse en una oportunidad.

Históricamente, las crisis fueron cuna de oportunidades para los negocios. En el año 1994, México entró en la crisis más dura de su historia, la cual dejó a millones de personas en la pobreza y provocó una ola delictiva sin precedentes. Sin embargo, hubo una industria que obtuvo ganancias multimillonarias: la herrería. Esta industria gozó sus mejores años de ventas, debido a la gran demanda de rejas y puertas blindadas para impedir los saqueos.

Otro caso muy similar sucedió en el año 2008 cuando se desató epidemia de gripe A, que causó una sensación de pánico generalizada a nivel mundial. Sin embargo, ese mismo año, las fábricas de mascarillas desechables obtuvieron rentabilidades multimillonarias.

Miyee me había comentado que se había creado una nueva unidad de negocio en su empresa: se encargarían de realizar llamadas para cobrar a sus clientes morosos. Estaba claro que esas llamadas podían realizarse desde España o desde cualquier otro lugar del mundo, así que aquella era mi oportunidad. Durante mis horas de almuerzo, dedicaba cada minuto de mi tiempo para armar el plan de negocios y proyectar todos los posibles escenarios. Cuando finalice todos los cálculos, le pedí a Miyee que me pusiera en contacto con el jefe del proyecto en España y les ofrecí realizar la prueba piloto por tres meses, asumiendo todos los costos.

Las semanas pasaban y la negociación se había dilatado más de lo previsto, hacía dos meses que estábamos trabajando en ella. Sin embargo, justo en el momento que parecía estar todo perdido, me enviaron el contrato para comenzar la prueba, el *call center* debía estar funcionando en tres meses.

Noventa días puede ser mucho o poco tiempo, dependiendo de donde se lo vea. Déjenme contarles algunos ejemplos: la película *Titanic*, de James Cameron recaudó casi 600 millones de dólares en los primeros noventa días de su estreno, en 1997. La empresa Google Inc. en los primeros noventa días del 2011 recaudó una ganancia neta de 2.500 millones de dólares. Pero también sé de algunos ejemplos no tan alentadores. El 15 de noviembre de 2011, Damien Vasta, quien era repartidor de paquetes con su furgoneta pasó a ser el director operativo de Air Australia y, solo noventa días después de haber asumido su cargo, llevó a la quiebra a la inmensa línea aérea.

No obstante, nunca más dejaría que el miedo me detuviera. Así fue como al día siguiente de recibir el contrato, renuncié a mi puesto de trabajo como jefe de ventas en la compañía de telecomunicaciones para comenzar a trabajar en mi propio negocio.

El 31 de diciembre del año 2006, aprovechando que mis familiares y amigos más cercanos se habían reunido para celebrar el Año Nuevo, decidí contarles sobre mi decisión de emprender y montar mi propio negocio. Mientras les contaba la noticia, pude notar cómo poco a poco iban desapareciendo sus sonrisas, podía ver cómo el miedo y la incertidumbre se habrían paso en cada uno de sus rostros; era natural, querían protegerme. Para cuando terminé de contar la novedad, solo uno seguía sonriendo; curiosamente era el único hombre de negocios que allí se encontraba: el viejo Isaac.

Días después, en mi primera semana de trabajo como emprendedor, me encontré frente al primer gran desafío. Si bien había hecho los cálculos teóricos para la puesta en marcha del negocio, en la práctica el desvío había resultado ser bastante mayor de lo previsto, y necesitaría mucho más dinero del que disponía.

Es frecuente para todo emprendedor encontrarse frente a ideas excepcionales y no poder hacerlas realidad por la falta de dinero. Y, si bien es cierto que obtener el capital es una parte muy importante dentro del plan de negocios de un emprendimiento, este nunca debe ser el único condicionante.

Decidí poner sobre la mesa mis opciones. La primera, y la más simple, era pedir un crédito bancario. Lamentablemente, en algunos países es muy difícil acceder a los créditos bancarios, ya que los requisitos que exigen son muchos y, si finalmente se logra acceder a uno, los intereses que se deben devolver al banco terminan siendo superiores a la rentabilidad de la mayoría de los negocios. Por lo tanto, rápidamente descarté esa opción.

Otra alternativa podía ser recurrir a una empresa financiera. Generalmente, en las financieras privadas se puede obtener un crédito a corto plazo hipotecando algún valor, o entregando cheques a diferido por el total del monto más los intereses. Esto se suele hacer para reducir el riesgo del prestamista y conseguir una mejor tasa de interés que la bancaria; sin embargo, estas operaciones siempre han sido muy riesgosas.

Mi problema era que necesitaba conseguir un crédito a una tasa de interés baja, para que mi rentabilidad no se viera consumida por los intereses.

En aquel tiempo, los hipermercados y los bancos estaban realizando alianzas para fomentar el consumo, de manera que toda la línea blanca de electrodomésticos en los hipermercados: frigoríficos, lavadoras, hornos, etc. se podía adquirir hasta en 24 cuotas, sin interés. El inconveniente era que esos créditos, con tasa cero de interés, no eran para financiar emprendimientos personales, sino para comprar grandes electrodomésticos.

Hacía pocos meses había asistido a un seminario de comercio internacional organizado por un importante banco local, en donde un reconocido economista intentaba explicar al auditorio por qué el trueque aún seguía siendo en la actualidad una de las formas predominantes para el intercambio de bienes y servicios.

—Como ustedes bien saben —decía mientras caminaba de un lado al otro del auditorio con la mirada fija en el suelo—, en las economías con altas tasas de inflación, la gente no desea conservar dinero en forma de moneda, puesto que al cabo de un tiempo, esta termina perdiendo su valor. Y cuando la moneda deja de existir, la única forma de comprar o vender es mediante el intercambio directo de bienes y servicios, que es lo que se conoce como «trueque».

»En momentos como esos, realizar incluso la más sencilla compra puede ser tan complicado como un partido de ajedrez. El ejemplo más claro de lo que les digo se dio en Alemania, después de la Segunda Guerra Mundial. Por aquellos años, el marco alemán había perdido por completo su valor y nadie estaba dispuesto a cambiar una docena de huevos o un kilo de patatas por un papel impreso o un metal grabado; la gente solo intercambiaba un producto por otro de mayor o igual utilidad.

»Sin embargo, las personas no lograban ponerse de acuerdo en el valor de intercambio y muchas operaciones no llegaban a concretarse, lo que provocó un fenómeno único en el mundo: la moneda volvió a surgir de forma natural, pero esta vez no sería en forma de papel o metal. Insólitamente, toda la nación adoptó a los cigarrillos y al café como medio de pago; incluso, se hizo tan aceptado, que terminó utilizándose como moneda corriente mucho tiempo después de la guerra.

El trueque sería el eje central de mi estrategia para conseguir financiación y, como si fuera un partido de ajedrez, debía planear rigurosamente mis próximos pasos a seguir. Hay una jugada muy riesgosa en el ajedrez conocida como «la coronación del peón», en la que después de atravesar todo el tablero de juego, el peón puede ser sustituido por otra pieza de igual o mayor utilidad. Es extremadamente riesgosa, pero si se utiliza con astucia, puede ser la clave para ganar una partida.

Así fue como durante las siguientes dos semanas utilicé las tres tarjetas de crédito que tenía —Visa, Mastercard y American— para comprar una docena de modernos y lujosos -frigoríficos, las cuales gracias a la financiación de línea blanca que tenían los supermercados, podría pagar hasta en 24 cuotas, sin interés.

Había un hipermercado en particular que se hizo famoso por su compromiso con la satisfacción del cliente y cuyo lema era: «Si no queda satisfecho con su producto, le devolvemos el dinero», y eso fue lo que hice. Todos los días, durante las siguientes dos semanas, a las ocho en punto, hora en la que abría las puertas aquel hipermercado, compraba un frigorífico y lo pagaba en 24 cuotas sin interés con una de mis tarjetas de crédito. Lo retiraba y, cuando llegaba al estacionamiento, volvía a entrar al hipermercado para realizar la devolución de la misma. El establecimiento chequeaba que el electrodoméstico no estuviera roto o dañado, y procedían a devolver el 100 % de la compra en el acto, y en efectivo.

Repetí la operación hasta llevar mis tarjetas a los límites máximos y en catorce días me había hecho de un crédito a 24 meses, con una tasa de interés del 0 %, bastante más baja que 45 % anual que ofrecían los bancos por aquellos días. Sin embargo, aún no había logrado reunir el dinero necesario, de modo que, no solo tuve que vender mi automóvil, sino también mi propio frigorífico.

Comenzamos a trabajar en un pequeño local que alquilamos a pocos kilómetros del centro de la ciudad, habíamos reclutado un equipo de diez teleoperadores, con los que trabajábamos ocho horas diarias. En el primer mes de trabajo, solo habíamos llegado a hacer dos cobranzas diarias por operador; estábamos muy lejos de las cuatro que necesitaba el negocio para ser rentable.

Dos meses después, aun no había conseguido la autorización para emitir facturas de exportación, por lo cual, no había podido cobrar un solo centavo en los dos meses que llevábamos trabajando. Ya había consumido todos mis ahorros; incluso, en el último mes, los bancos estaban amenazando con suspender mis tarjetas de crédito por falta de pago. Pero justo en el momento en el que estaba por avisar a todos los empleados que no podría pagar los sueldos, recibí la llamada que tanto había estado esperando. Me habían otorgado las facturas de exportación. Después de la tormenta, por fin encontraba un poco de calma.

Los siguientes días pude enfocarme de lleno en el negocio y logré realizar varios ajustes. Para comienzos del tercer mes de trabajo, estábamos realizando seis cobranzas diarias por operador, un 50 % por encima de lo que había solicitado nuestro cliente.

El negocio fue muy próspero los primeros tres años, la empresa creció y tenía más de sesenta empleados trabajando en dos turnos de seis horas cada uno. Pero para comienzos del cuarto año, aparecieron nuevos problemas y la operación cayó en picada. La compañía telefónica española a la que prestábamos servicios había planteado una nueva estrategia comercial que dejaba el negocio de la cobranza en manos de los bancos.

Ese mismo año, decidí vender el *know-how* de la compañía a un importante Contac Center que llevaba más de treinta años en el país. El gerente general de aquella empresa me ofreció quedarme para gerenciar la unidad de negocio recientemente adquirida.

Rechacé la oferta y decidí volver a empezar.

Algunos meses después de vender el *call center*, me encontraba analizando distintas oportunidades para comenzar un nuevo negocio.

Esa semana, un gran amigo y empresario de la construcción, llamado Sergio Ramos, me había invitado a una conferencia sobre emprendedores, donde él sería uno de los disertantes estrella. Conociéndolo, sabía que su presencia en aquel coloquio no pasaría desapercibida.

Finalmente, llegó su turno para exponer. La primera pregunta que le hicieron fue sobre cómo había logrado su éxito, a lo que con un tono alegre respondió:

—¡Tuve suerte!

En ese momento el auditorio entero, que estaba en completo silencio, estalló en risas, pero Sergio no se inmutó y volvió a repetir:

—Lo que digo es cierto —dijo con tono más sobrio—. Soy un hombre afortunado y les voy a explicar por qué lo digo.

»Yo estoy aquí de pie, frente a todos ustedes, profesionales de distintas especialidades, empresarios, doctores, abogados y distinguidos hombres de ciencia, asegurando que mi éxito como empresario se debe a la suerte, y seguramente muchos de ustedes estén defraudados con mi respuesta, pero es la verdad.

»Muchas personas supersticiosas creen que para atraer la buena fortuna se deben realizar complejos rituales, ciertos hechizos o incluso sacrificios. La realidad es que soy un simple empresario de la construcción, y no sé nada sobre tarot o hechicería. Pero les puedo asegurar que ningún ritual puede mejorar el rendimiento de un negocio y que nunca se puede ser supersticioso a la hora de emprender.

»Lo que les quiero hacer entender cuando les digo que soy una persona afortunada en los negocios, es que algunos preferimos forjar nuestra propia suerte en lugar de sentarnos a esperar que suceda un acontecimiento sobrenatural. La suerte en los negocios —prosiguió Sergio mientras miraba fijo al auditorio— no es más que la organización de sucesos afortunados o desafortunados, generados por una persona de acuerdo con sus acciones.

»El ejemplo más claro de una acción y su consecuencia es el de una persona que gana la lotería. Muchos automáticamente exclamarían: "¡Qué suerte la de este hombre!", pero muy pocos se tomarían el trabajo de analizar si realmente lo que le sucedió a esa persona fue solo suerte o si fue consecuencia de ciertas acciones planificadas anteriormente.

»No tengo duda que el azar tuvo su cuota con el acierto de los números, pero el azar es un porcentaje de la ecuación. Es por eso que cuando algunas personas se preguntan que por qué nunca han ganado la lotería, lo que en realidad deberían preguntarse es: ¿Qué hice para ganarla?

Hizo una pausa, al notar que el público presente ya no estaba riendo, y prosiguió:

—Hay un cuento que escuché contar a un sacerdote en Italia, que les ayudará a entender mejor lo que quiero explicarles. La historia cuenta que en Sicilia vivía un hombre muy devoto, el cual después de caer en desgracia y perder su trabajo, pensaba y afirmaba que su fe lo iba a ayudar a salir adelante, por lo que todos los días se acercaba a la estatua de san Pedro y le ofrecía una plegaria diciendo: «¡San Pedro, por favor, quiero ganarme la lotería! ¡Por favor, ayúdame a ganarme la lotería!»

»Todos los días, durante largos años, el devoto se acercaba a la imagen para hacer su plegaria. Tanta fue su fe y tanta su insistencia, que un día sucedió el milagro, la imagen de san Pedro cobró vida, se acercó al fiel creyente y le dijo: "Hijo mío, si tanto quieres ganarte la lotería, ve y compra un boleto, pero ya deja de repetirme lo mismo".

El auditorio entero estalló en aplausos, pero Sergio continuó su exposición:

—Esto es exactamente lo que les quiero transmitir. Parece que es tan obvio que incluso todos nos reímos al oír aquella historia; sin embargo, nunca antes nos pusimos a pensar realmente que para ganar la lotería, una persona se debe tomar el tiempo para ir a una agencia de juegos, hacer una inversión económica en la compra de un boleto, y al otro día controlar su inversión.

»Es muy probable que esa persona no sea un jugador casual sino una persona con conducta regular de juego. Estadísticamente, la mayoría de las personas que juegan lotería, mantienen una constancia en los números seleccionados. Entonces, si lo analizamos desde ese punto de vista, lo que *a priori* parecía ser suerte, ahora comienza a transformarse en una probabilidad estadística. Y esto adquiere más sentido, cuando descubrimos que la palabra «suerte» proviene del latín *forte*, que significa "fortuna".

»Finalmente —continuó Sergio—, quiero compartir con ustedes la teoría de un economista indio, profesor de Oxford, quien definió el éxito de un negocio en cuatro simples variables: idea, administración, capital y suerte. Según él, esta última variable solo ocupa una parte de la ecuación y todas las variables son dependientes de las otras en distinta medida. El factor suerte, sin lugar a duda, puede influir para que un negocio sea exitoso, pero como ahora saben, la suerte no se espera sino que se logra potenciando nuestras oportunidades al máximo.

»Me gustaría despedirme de ustedes citando la respuesta que dio a un periodista el gran explorador Roald Amundsen, director de la primera expedición que alcanzó el Polo Sur: "La victoria aguarda a aquel que tiene todo en orden; suerte, lo llama la gente».

Para cuando Sergio terminó de hablar, todo el auditorio estaba sumergido en un profundo silencio. Nadie se movía, era como si el tiempo se hubiera detenido en ese instante. Él se quedó callado por un momento, observando a su audiencia. Parecía como si tampoco entendiera muy bien qué pasaba, pero tras unos pocos segundos, se acercó nuevamente al micrófono y, con aquel tono alegre que utilizo al principio, dijo:

—Como ahora pueden entender, ¡soy un hombre afortunado!

Esta vez el auditorio no estalló en risas sino en una gigante ola de aplausos que duró por varios minutos.

En 1996, el profesor Richard Wiseman, de la Universidad de Hertfordshire en Reino Unido, realizo una investigación en la que pidió a un grupo de voluntarios que se clasificaran conforme a su nivel de suerte para participar en distintas pruebas. Una de ellas era un experimento muy sencillo: tenían que contar el número de imágenes que veían en un periódico. En la mitad del mismo, y sin que los participantes lo supieran, dejó un mensaje que decía: "¡Dígale al investigador que ha visto esto y gane 250 libras!". Las personas que se consideraban con suerte, dejaban de contar y leían en voz alta el mensaje del periódico para cobrar el dinero. Así de simple. Sin embargo, aquellas personas que previamente se habían considerado como poco afortunadas, se ponían tensas y no mencionaban nada al respecto.

Como ahora sabemos, la suerte es una percepción que depende directamente de la forma en la que las personas reaccionan frente a determinadas experiencias.

El éxito de un negocio, tampoco es azaroso, es consecuencia de una inversión que surge de la planificación, el trabajo y el esfuerzo de sus desarrolladores. No alcanza solo con desearlo, es necesario comenzar, y para ello es importante abrirse a nuevas experiencias, estar más atento a nuestras corazonadas y confiar en que los cambios pueden ser positivos. Aprender a convertir las malas experiencias en positivas y aceptar los errores con optimismo, pueden ser factores determinantes para el éxito de un negocio.

El error más común de un emprendedor es confundir la intención con la acción, de nada sirve sentarse a esperar. Nunca conocí a nadie que lograra generar dinero extra sin realizar una inversión de tiempo, esfuerzo o dinero.

Anécdota 12: OPORTUNIDADES DE NEGOCIOS

Un buen amigo llamado Gonzalo Godachevich, hacía pocos meses había comenzado su primer negocio, una distribuidora destinada a la venta de insumos de higiene para empresas.

Gonzalo había trabajado por muchos años en una organización del mismo rubro, en donde había logrado adquirir un enorme conocimiento sobre el negocio y, tras renunciar a su empleo, comenzó su propio emprendimiento con tan solo lo básico, un pequeño capital para hacerse de un *stock* inicial, una computadora, y un teléfono para contactar clientes. Trabajaba desde su casa, la cual funcionaba como oficina durante el día y centro de distribución por la tarde.

Gonzalo me había comentado que estaba buscando un socio con perfil comercial ya que, según pensaba, esa sería la forma más rápida de desarrollar su negocio. Después de haber conversado muchas veces sobre el proyecto, y habiendo analizado todos los posibles escenarios, tanto de pérdida, como de ganancia, estaba dispuesto a sumarme a su emprendimiento. Pero el destino algunas veces es caprichoso y un nuevo camino se cruzó en mi vida, un rumbo distinto, el cual nunca hubiera sido capaz de imaginar.

Era una mañana de invierno y me encontraba en mi casa revisando el contrato de sociedad que me había enviado Gonzalo; estaba sumamente concentrado hasta que el teléfono sonó. Extrañamente, ese no era el sonido que hacía el teléfono particular de mi casa cuando llamaban, era otro muy distinto, esta era la inconfundible melodía del teléfono de mi antigua oficina, cuya línea había conservado y derivado a mi hogar después de haber vendido el *call center*. Era muy fácil reconocerla, ya que en el teléfono tenia configurado como tono de llamada la canción *White Christmas*, interpretada por Bing Crosby, y no había sido una elección casual.

Crosby fue una fuente de inspiración para muchas generaciones de músicos, empresarios, e incluso para decenas de miles de soldados. Desde pequeño había demostrado tener talento para la música, pero al no contar con los medios necesarios para grabar un demo, su carrera tardó en comenzar más de lo previsto. Trabajó como lavaplatos durante varios años, antes de reunir el dinero necesario para poder pagar un estudio de grabación y, finalmente, cuando pudo hacerlo, llevó sus grabaciones a varias emisoras.

Algunos meses después, casi sin saberlo, una de esas canciones —*White Christmas*— se había convertido en un éxito absoluto. Con el tiempo pasaría a ser mucho más que una canción navideña, se convertiría en un himno para todos los soldados estadounidenses que luchaban en la Segunda Guerra Mundial. Con el paso de los años, la canción tuvo tanto éxito, que llegó a recaudar más de 40 millones de dólares solo con los derechos y así, gracias a su empeño y dedicación, Bing Crosby pasó de ser un lavaplatos pobre a un músico multimillonario.

Lo cierto es que cada vez que alguien llamaba por esa línea y sonaba su melodía, me traía a la mente una sola palabra: «tenacidad». Rápidamente me repuse de aquel trance momentáneo y atendí el teléfono, el cual llevaba un rato sonando. En ese mismo instante descubrí que la sorpresa más grande no era escuchar nuevamente aquella melodía; la mayor sorpresa era escuchar la voz que estaba del otro lado del teléfono.

La historia de la voz detrás de la línea se remonta a varios meses atrás. Cierto día, cuando me encontraba haciendo las compras en el supermercado, noté que había olvidado mi libreta de recados, una pequeña libreta azul que solía llevar conmigo como ayuda para la memoria. Aquel olvido me obligó a improvisar la compra en el momento, algo que no me era grato, ya que me hacía demorar más de lo habitual.

Ese día estuve dando vueltas dentro del supermercado más de dos horas, de manera que, antes de salir, decidí hacer una parada en la cafetería del lugar. Cada vez que me sentaba a tomar un café en la pequeña cafetería del supermercado, no podía evitar observar a la gente paseando con sus enormes carros cargados, unos entrando y otros saliendo, casi tan sincronizadamente como si se tratara de una visita guiada a un museo de Europa.

Desde la cafetería del supermercado se podía observar claramente un objeto que continuamente llamaba mi atención, era un enorme reloj de agujas, ubicado sobre la salida de emergencias del supermercado. Estaba tan elevado, que era posible verlo desde todo el lugar. No era su belleza lo que llamaba mi atención, sino el hecho de que aquel antiguo aparato siempre estaba fuera de hora.

Sin embargo, ese día había visto otro detalle que me asombro aún más. Aquel no era el mismo reloj viejo de siempre, era uno nuevo, casi idéntico al anterior, pero sin lugar a duda, uno distinto. Había pequeños detalles que los diferenciaban; este era más moderno y definitivamente de mejor calidad. Sin embargo, al igual que el anterior, también estaba fuera de hora.

Me quedé un largo rato observando el reloj descompuesto y solo me distraje al notar que en una mesa junto a la mía, un hombre me observaba con la misma atención con la que yo miraba el reloj. Como el hombre continuaba observándome, decidí comentarle sobre mi descubrimiento, a modo de entablar conversación y pasar el rato.

—¡No puedo quitarle la vista a ese reloj averiado! —le dije, señalando el aparato descompuesto.

El hombre, que pareció salir de un trance al escuchar mi voz, observó el reloj con escaso interés y, volviendo la vista, me respondió:

—Creo que usted se equivoca, ese reloj no está averiado, es nuevo y solo esta desconectado.

—¡Qué extraño! —exclamé—. Alguien se tomó el trabajo de comprarlo, otro de instalarlo y todos olvidaron conectarlo; qué gran descuido.

—No es un descuido —me replicó el hombre con mucha seguridad—. Es una estrategia comercial. Y una muy buena, por cierto. Los supermercados están llenos de artimañas que la gente desconoce y todas tienen el mismo objetivo: lograr que los clientes se sientan cómodos y se queden más tiempo, para que puedan gastar más.

Ambos nos quedamos en silencio unos segundos, y luego continuó:

—¿Habías notado alguna vez que la entrada de los supermercados siempre está a la derecha, o que las cajas registradoras también lo están?

Ciertamente nunca me había percatado de aquellos detalles, pero casi como un acto reflejo, me puse a pensar en todos los supermercados que había conocido y para mi asombro, aquel hombre tenía razón. La constante se repetía en todos ellos, las puertas de entrada y las cajas registradoras de los supermercados que conocía estaban siempre a la derecha.

—El sistema —continuó— está ideado para que los clientes se muevan hacia la izquierda, en sentido contrario a las agujas del reloj. Esto los hace sentirse más cómodos, ya que está demostrado que cuando no tenemos referencias, como en un desierto o en el medio del océano, solemos girar a la izquierda.

»Hay otras estrategias comerciales de las que seguramente nunca te percataste. Por ejemplo, en los supermercados los productos de uso cotidiano como la leche, los refrescos o las galletas, siempre se sitúan en los expositores del fondo, de modo que para encontrarlos, los clientes están obligados a recorrer todo el lugar; así, pueden ir comprando otros productos en el camino. Para cuando llegan a los últimos expositores, están obligados a doblar a la izquierda, y de esa forma, sin darse cuenta, recorren todo el supermercado.

»Los carros de compras, incluso, también tienen sus trucos. Por ejemplo, nunca suelen ir muy rápido. Eso se debe a que tienen un pequeño freno en las ruedas, invisible a los ojos de los clientes, lo cual los obliga a ir más lento, para que puedan fijarse en otros productos que tal vez no tenían pensado comprar.

»Antes se usaban otras tácticas, como desviar levemente los carros hacia la izquierda, de esa forma el comprador debía agarrarlo con la mano izquierda y con la derecha podía tomar más fácilmente los productos de los expositores, pero los carros chocaban continuamente con estos y provocaban muchos accidentes.

El hombre se acomodó en su asiento y, tras una mínima pausa, agregó:

—Volviendo a tu observación sobre ese reloj, el hecho de que esté desconectado tiene dos funciones: la primera, es para que los clientes pierdan la noción del tiempo y así puedan seguir comprando; y la segunda, no es más que un truco visual que se usa desde que existen los relojes de aguja, y aún se sigue usando en tiendas o publicidades de relojes, y sirve para que cuando veas un reloj, te transmita una sensación positiva de forma subliminal.

»Si te fijas bien, no está detenido en cualquier hora. Sus agujas marcan las 10:10, que muchos la llaman "la hora de la felicidad", porque con ambas manecillas dibuja una sonrisa perfecta y además deja que se vea la marca del reloj, que suele estar situado a las seis o a las doce en punto. Por el contrario, poner las agujas a las 20:20 genera una sensación negativa, ya que simulan una sonrisa triste. Seguramente lo compruebes la próxima vez que veas algún anuncio de relojes en una revista.

»Como ahora sabes, en los supermercados no existen las casualidades, sino las estrategias de *marketing* perfectamente calculadas.

Resultó que mi vecino de mesa era el director comercial de aquella cadena de supermercados, quien casualmente se encontraba allí realizando un trabajo de campo. Continuamos hablando un largo rato y terminamos intercambiando tarjetas personales.

Toda esa conversación de aquella tarde perdida en el supermercado, se me vino a la cabeza en un segundo, cuando mi interlocutor del otro lado del teléfono se presentó.

Era aquel hombre, quien había conservado mi tarjeta personal, y me estaba contactando para ofrecerme participar en una licitación del supermercado donde trabajaba, para montar un *call center* tercerizado. Según me explicó, para la cadena de supermercados era más rentable tercerizar a los empleados que contratarlos de forma directa.

Esto se debía a que, si los trabajadores ingresaban en relación de dependencia, automáticamente pasaban a formar parte del sindicato de camioneros, gremio que controlaba a todos los empleados de los supermercados, y cuyo salario mínimo era un 50 % más alto que el salario mínimo de un empleado de *call center*.

Sin embargo, ese no era el verdadero motivo por el cual tercerizaban empleados. La razón principal por la cual los supermercados contrataban personal por medio de terceros estaba íntimamente ligada a la verdadera actividad comercial que realizan los supermercados: el negocio financiero.

Era una cuestión de matemática básica. Mientras que a los empleados en relación de dependencia debían pagarle los sueldos a fin de mes, las facturas que presentaban las empresas tercerizadoras de personal las pagaban a los noventa días. Lo mismo sucede con los proveedores de mercadería. Mientras que el supermercado cobra sus ventas en el día, los proveedores deben esperar ciento ochenta días para cobrar sus facturas, generando millonarias ganancias financieras para los supermercados.

Coordiné una reunión con el director comercial del supermercado para esa misma semana, me entregó el pliego de la licitación y comencé a trabajar en ella día y noche. Tenía bastante experiencia en *call centers*, motivo por el cual no me llevó mucho tiempo armar el presupuesto. Tres meses más tarde, había ganado la licitación.

Para poder cumplir de forma eficiente con el servicio, debí contratar a más de treinta y cinco empleados, los cuales trabajaban de forma exclusiva para el supermercado. La dirección estaba cada vez más conforme con el trabajo que estábamos realizando, tanto así, que al año siguiente terminamos ganando todas las licitaciones de teleoperadores que tenían. El negocio funcionaba a la perfección, generaba un volumen importante de facturación, suficiente como para poder endeudarme en montos muy altos, en plazos cortos.

Cuando se trabaja para un supermercado, se descubren muchas oportunidades de negocio, si uno sabe moverse con astucia. El negocio que más me interesaba era el de transporte de mercadería, ya que era uno de los pocos negocios de servicios que permitía capitalizarse mediante la compra de camiones, lo cual era una forma muy efectiva de aumentar el patrimonio social de una empresa.

Hay dos personas de las que me gustaría hablarles. La primera es un excompañero de colegio llamado Andrés Martínez Cica, un respetado profesional, graduado de diseñador gráfico en el prestigioso College of Arts de California. Con tan solo 22 años, Andrés se graduó de la universidad. Para aquel entonces, ya había ganado varios concursos como diseñador y hacía trabajos *freelance* para importantes compañías. Un año después de graduarse, montó su propio estudio de diseño.

Conforme pasaron los años, su estudio fue captando más y más clientes. En muchas ocasiones, incluso rechazaba trabajos, debido a la gran demanda que tenía. Cuando hacían menciones sobre él, siempre escuchaba decir frases como: «Vaya, qué futuro prometedor». Es lo que todos pensamos cuando vemos a una persona encarar su vida profesional tan vertiginosamente.

Una tarde recibí el llamado de la secretaria de mi contador para consultarme si podía recomendarle alguna agencia de *branding*. Según me dijo, querían realizar cambios en la imagen de su estudio. Casi como un acto reflejo, comencé a hablarles sobre Andrés y se quedaron tan impresionados por lo que les conté, que esa misma tarde me solicitaron ponerlos en contacto.

Pensé que aquella sería una buena excusa para retomar contacto con mi excompañero, de quien hacía varios años que no sabía nada. Intercambié algunos correos electrónicos con Andrés, en los cuales intenté resumir todos los acontecimientos que habían sucedido en mi vida desde el último encuentro con él. No fue hasta el tercer correo que hice una pequeña mención sobre el motivo principal de mi contacto, y adjunté los datos de la secretaria de mi contador, para que pudiera comunicarse con ella.

Al día siguiente, recibí una respuesta de Andrés que me desilusionó por completo:

En cuanto al contacto que me enviaste, no podré llamarlo, ya que estoy con varios trabajos en curso, y no estoy tomando nuevos clientes. Creo que lo mejor será que busquen a otro estudio que pueda realizar el trabajo.

Afectuosos saludos,
Andrés Martínez Cica

Aquella respuesta era la muestra más clara de que recibir una educación en una universidad de élite, no es suficiente para que una persona aprenda a desarrollar su pensamiento comercial. Podía haberle enumerado a Andrés cientos de razones por las cuales le habría sido mucho más redituable para su estudio aceptar el trabajo y tercerizarlo, antes que rechazarlo y perder un cliente; sin embargo, decidí no intervenir y dejar las cosas como estaban. Después de todo, quién era yo para opinar sobre su negocio.

La otra persona es Omar Villard, un compañero de mi infancia y de mi barrio, con el cual seguíamos en contacto. Omar era un joven responsable e inteligente, el hijo mayor de una familia humilde, que tras fallecer el padre y sostén de la familia, se había encontrado frente a grandes problemas económicos. La tragedia llevó a Omar a tener que trabajar como chofer en una agencia de taxis, con tan solo 17 años de edad. Por aquel tiempo, trabajaba más de doce horas por día arriba del auto.

Durante sus años de escuela, había sido un alumno brillante; sin embargo, sus obligaciones no le permitieron terminar el colegio y terminó abandonando sus estudios antes de graduarse de la escuela secundaria. Cuando hablaban sobre él, siempre escuchaba decir: «¡Vaya, que futuro desalentador!» Y es lo que todos pensamos cuando escuchamos la historia de un muchacho inteligente que tiene que abandonar sus estudios para poder mantener a su familia. Después de todo, qué aspiraciones profesionales podía tener un joven manejando un taxi desde los diecisiete años.

¡Vaya que nos equivocamos!

Omar comenzó a trabajar como taxista con un vehículo que alquilaba a una pequeña agencia de taxis, pero dos años después tuvo la idea de pedir un crédito prendario y comprar su propio taxi. Sin embargo, luego de la compra y al contrario de lo que todos nos hubiéramos imaginado, Omar continuó trabajando con el antiguo auto de la agencia mientras alquilaba su propio vehículo a otro chofer.

Nadie sabía exactamente por qué Omar hacía eso. Los que éramos más cercanos a él sabíamos el esfuerzo que le había supuesto conseguir aquel automóvil. Para salir de la duda, decidí preguntarle por qué seguía conduciendo un taxi alquilado, teniendo su propio vehículo. Su respuesta me asombró. Con tan solo 19 años, este joven taxista había logrado desarrollar un correcto pensamiento comercial.

Su plan era sencillo y efectivo, alquilaba su taxi nuevo y cobraba una renta por ello. Utilizaba una mitad de renta para pagar el crédito del vehículo y la otra para pagar el alquiler del taxi que él mismo conducía. No solo maximizaba su rentabilidad sino que también aumentaba su patrimonio con la compra del vehículo.

Omar, quien nunca había podido asistir a la universidad, había comenzado un sencillo sistema de reinversión continua a pequeña escala, similar al que se les enseña a los alumnos de primer año en la Facultad de Economía.

Lo primero que uno aprende en una clase de Economía I es a realizar un ejercicio básico, analizando las tres variables que influyen en la inversión privada.

—Si aprenden a utilizar de forma correcta las tres variables de la inversión privada, mi trabajo estará cumplido —decía el profesor frente a toda la clase, que lo escuchaba como si estuviera a punto de revelar la fórmula secreta del alquimista para convertir las piedras en oro—. La primer variable a tener en cuenta —continuaba el profesor— es el rendimiento esperado, el cual indica la compensación obtenida por la inversión; en pocas palabras, su rentabilidad.

»La segunda variable es el riesgo aceptado, y se refiere a la incertidumbre sobre el cual será calculado el rendimiento que se obtendrá al final de la inversión; nunca olviden que este factor incluye también el análisis de la capacidad de pago. Y por último, la más importante de las variables, el horizonte temporal, el cual se refiere al período de tiempo durante el cual se mantendrá la inversión. Saber utilizar estas tres variables es vital para el desarrollo de cualquier plan de negocio.

Me había quedado claro que aprender a desarrollar un correcto pensamiento comercial no es algo que se pueda comprar en una universidad, por más costosa y exclusiva que esta sea. El desarrollo del pensamiento comercial solo puede ser adquirido mediante la experiencia, y está íntimamente ligado al desarrollo de ciertos hábitos que una persona debe aplicar en los negocios, como una rutina.

Diez años más tarde, Omar ya poseía una pequeña flota de cuatro taxis, y al igual que con el primero, alquilaba sus autos a otros chóferes. Para finales de ese mismo año, Omar puso su flota en garantía, para acceder a un nuevo crédito, y utilizó ese dinero para iniciar su propia agencia de taxis.

Pasaron muchos años sin que supiera nada de él, hasta que un lluvioso día, mientras esperaba un taxi de su agencia, sucedió algo extraordinario. Delante de mí se había detenido un lujoso taxi nuevo, el cual se había arrimado al bordillo con las balizas encendidas. Tomé mi maletín rápidamente y, mientras acomodaba los papeles que cargaba, subí al auto de un salto.

Antes de que terminara de cerrar la puerta, el taxista ya había arrancado y, sin que pudiera darle alguna indicación, ya había tomado la avenida principal rumbo a mi casa. Me intrigaba mucho saber cómo sabía hacia dónde me dirigía, pero quise dejar al conductor actuar para ver hasta dónde llegaba sin consultarme.

Algunos minutos después, al detenernos en la luz roja de un semáforo, el chofer del taxi volteó para hablarme y me llevé una grata sorpresa al descubrir que el conductor de aquel taxi era mi amigo Omar Villard.

En un primer momento pensé que algo había salido mal con su negocio y eso lo había forzado a retomar el trabajo de chofer, pero nuevamente estaba en un error. Su agencia contaba con una flota de más de veinte autos, tenía dos operadores de radio que manejaban la central, y un tercero que programaba viajes de larga distancia.

No podía entender por qué el dueño de una empresa tan exitosa conducía un taxi, pero no hizo falta que preguntara, ya que a los pocos minutos, Omar terminó develando el misterio:

—Te lo voy a explicar de una forma sencilla —me dijo mientras conducía—. Imagina por un instante que tienes que llegar a una reunión para cerrar una venta; podrías ir en tren o en taxi. Si tomas el taxi, es muy probable que llegues a tiempo y que gastes más dinero en el viaje. Si viajas en tren, vas a tardar un poco más en llegar, pero estarás ahorrando dinero.

»Ahora imagina que por no tomar un taxi llegas tarde a la reunión y pierdes la oportunidad de cerrar una venta. O, por el contrario, que gastaste dinero en un taxi para llegar a tiempo a la reunión, pero no cerraste la operación.

»En mi caso, después de analizar mucho mi negocio, decidí que la mejor forma de optimizar mis beneficios, era con mi trabajo arriba del taxi. De esta forma, puedo pagar el sueldo de dos operadores de radio; por el contrario, si me quedara en la central, tendría que contratar un operador de radio y un taxista, es una cuestión simple de costo y beneficio.

En ese momento no supe qué decir. En menos de cinco minutos, y con un ejemplo muy claro, Omar había logrado resumir la «Teoría del coste de oportunidad», la cual el sociólogo austríaco Friedrich von Wieser desarrolló durante años en su obra maestra *Theorie der gesellschaftlichen Wirtschaft*, y que se refiere a aquello a lo que un agente se priva o renuncia cuando hace una elección.

Durante años vi a muchos profesores de la Universidad de Ciencias Económicas explicar durante semanas a sus alumnos esta teoría, usando casos prácticos, y Omar Villard, quien nunca había oído hablar sobre Friedrich von Wieser y sus estudios, había logrado aplicarla en su negocio y explicarla con un simple ejemplo.

Después de aquel viaje no volví a ver a Omar, pasaron muchos años desde aquella charla perdida en el auto, pero escuché decir que Omar ya no conduce su lujoso taxi y que dirige una de las agencias de radiotaxi más grande del país, siendo un referente importante en su rubro.

Por otro lado, Andrés Martínez Cica continúa trabajando en su estudio de diseño, no tiene empleados y, mientras que algunos meses rechaza trabajos por falta de tiempo, otros meses le sobra el tiempo por la falta de trabajo.

Me gusta hablar sobre ellos porque fueron sus historias las que me ayudaron a entender la importancia de aprender a desarrollar un correcto pensamiento comercial. Para lograr el éxito, no alcanza solo con ser un profesional egresado de alguna reconocida universidad. La educación universitaria es fundamental, sobre todo en un contexto tan competitivo como el actual, pero es solo una porción de la educación que debe aprender una persona para lograr ser exitoso en los negocios.

No todas las inversiones deben ser millonarias para ser buenas inversiones, una persona puede tener un negocio exitoso, destinando pequeñas cantidades de dinero de forma constante, y obtener así una rentabilidad adicional.

Lo más importante es que antes de emprender hay que saber separar el sentimentalismo del negocio, solo de esa forma se puede ser crítico y objetivo para analizarlo.

Anécdota 14: INTELIGENCIA EMOCIONAL

Eran los primeros días de enero del 2008 y el verano había llegado haciéndose sentir en las intensas olas de calor que azotaban la ciudad de Buenos Aires.

Días atrás me habían hablado sobre una enorme empresa frigorífica que estaba cerrando sus puertas y al parecer estaban vendiendo todos sus camiones de reparto. Aquella era una oportunidad muy interesante para poder ingresar en el rubro de trasporte de mercadería, razón por la cual decidí realizar una oferta por la compra de tres camiones.

Solo dos días después de haber hecho la oferta, recibí la llamada de José Sánchez. Se presentó como el dueño del frigorífico y al parecer estaba dispuesto a reunirse conmigo para negociar la compra-venta de los vehículos. A la mañana siguiente acudí al encuentro y conocí a José. Era un hombre de aproximadamente 70 años, poseía una mirada intimidante, aquella que tienen las personas habituadas a cargar con grandes responsabilidades y, como todo hombre de negocios, nunca exteriorizaba sus sentimientos.

Su escritorio me recordaba a una biblioteca pública, repleto de libros desordenados, papeles sueltos y un pequeño velador de bronce con una pantalla verde, algo gastada, que generaba una sensación sombría en su oficina.

José era una persona sumamente atenta, por lo que después de presentarse y ofrecerme un café, inicio una amistosa charla. Conversamos sobre temas banales durante algunos minutos. Al cabo de unos minutos, fue él quien comenzó la reunión:

—En resumen, estás aquí porque quieres comprar mis camiones y lo que seguramente me vas a decir es que no dispones del dinero necesario para hacerlo, ¿no es así?

Dicho esto, se posó detrás del sillón de su escritorio, con la mirada fija en el único cuadro que había en su oscura oficina. Era una foto en blanco y negro del legendario camión Mercedes Benz 1114, más conocido como «el indestructible», vehículo que se convirtió en un emblema para la firma alemana y estuvo a la venta en el mercado por más de tres décadas.

—Lo que usted dice es correcto —respondí con tono apacible—, y creo adivinar lo que está pensando en este momento pero...

—¡Adivino! —interrumpió José mientras volteaba para verme—. No me interesa hacer negocios con adivinos. Te voy a contar algo sobre los adivinos. En la antigüedad se llamaba así a los hombres que creían ser sabios. Los adivinos eran vagabundos que deambulaban por las aldeas ofreciendo sus servicios a cambio de la «voluntad», aquello que cada uno deseara pagarles. Con el tiempo, los gobernantes, cansados de sus ideas radicales, comenzaron a llamarlos brujos, y durante mucho tiempo los adivinos fueron perseguidos y cazados como animales, ¿estás seguro de querer ser un adivino?

Sabía perfectamente a qué se refería aquel hombre. Yo había estudiado mucho sobre los antiguos adivinos, ya que mi tesis final para obtener la Licenciatura en Comercialización se había basado en la relación entre los antiguos profetas adivinos y los actuales gurús de los negocios; personas contemporáneas que tienen la capacidad de predecir cómo se desarrollará un negocio en un determinado tiempo.

Los actuales gurús también eran perseguidos y buscados, pero no para quemarlos vivos en la hoguera, sino para ser reclutados por las más grandes corporaciones multinacionales. Los avances tecnológicos también habían influido mucho en estos gurús, permitiendo minimizar cada vez más el desvío de sus pronósticos.

En mi tesis había un apartado especial que estaba dedicado a los escritos del distinguido Tom Peters, conocido como «el gurú de los gurús», quien en 1982, un año después de renunciar a su trabajo, escribió el *best-seller* llamado *En busca de la excelencia*. La obra se basaba en el análisis de las mejores prácticas organizacionales de cara a la revolución tecnológica. En ella, Peters describió lo que consideró como los siete principios de la excelencia para llevar adelante un negocio exitoso:

UNO: espíritu emprendedor

DOS: cultura de la acción

TRES: toma de decisiones rápidas

CUATRO: cercanía con el cliente

CINCO: pasión por innovar

SEIS: inversión en capital humano

SIETE: necesidad de concentrarse en el *core business*, el corazón de su negocio

Finalmente, después de aquel trance involuntario, retomé la conversación:

—Tiene usted razón, no soy un adivino —respondí con un tono firme pero sin mostrarme irritado por su comentario—. Si pudiera adivinar, sabría el motivo por el cual un respetado empresario como usted, rechaza una oferta como la que vengo a proponerle, sin haberla escuchado antes.

A pesar de mi inoportuna respuesta, aquel hombre no había mostrado el menor signo de fastidio, lo cual dejaba en evidencia un absoluto control de sus emociones. Caminó unos pasos en silencio y, volviéndose otra vez hacia el cuadro en su pared, dijo con tono autoritario:

—Explícame entonces, ¿por qué tu propuesta es mejor que las otras? Es todo lo que necesito saber.

De golpe comencé a sentir cómo el poco aire que había en la habitación se hacía más y más denso, las paredes comenzaron a cerrarse sobre mí, como dos enormes murallas, y mi pulso se aceleraba cada vez más. Pero debía controlar aquella presión. Si quería cerrar ese negocio, tenía que ser convincente en mi discurso para poder persuadir a aquel hombre de que mi propuesta era su mejor opción. Cerré los ojos un instante, respiré profundo para aclarar mi mente y comencé a recordar un ejercicio mental que muchos empresarios utilizaban cuando necesitaban identificar rápidamente oportunidades comerciales, el cual era conocido como el «Análisis Porter».

El ejercicio se basaba en el modelo estratégico de las cinco fuerzas de Porter, una herramienta elaborada por el ingeniero y profesor de Harvard, Michael Porter, que permite analizar de forma sencilla un negocio a través de la identificación de cinco fuerzas: el poder del comprador en la negociación, el poder del vendedor en la negociación, la amenaza de nuevos competidores, la amenaza de conseguir un sustituto, y por último, la rivalidad entre los competidores.

José continuaba dándome la espalda, lo que me dio la oportunidad de meditar en silencio algunos segundos más, hasta que finalmente cuando se volteó, respondí con calma:

—Entiendo el enorme gasto de mantenimiento que implica tener tres camiones parados sin que generen ingresos y por eso estoy dispuesto a aceptar la suma que pide usted por ellos, sin bajar un centavo. A cambio le pido que me financie el 100 % del valor de los vehículos, por 12 meses. Le daré los doce cheques y le pediré también a mi abogado que realice una prenda sobre cada unidad, de modo que usted no correrá ningún riesgo, con la única condición de que cerramos el negocio hoy.

Con esa propuesta había reducido al máximo el poder de negociación de aquel hombre. La oferta estaba disponible solo por tiempo limitado, lo cual eliminaba cualquier tipo de competencia y evitaría una futura puja de precios. Las cartas ya habían sido jugadas y ahora los dos sabíamos exactamente qué lugar del acuerdo le correspondía a cada uno.

La reunión se extendió por varias horas más, hasta que finalmente logré bajar la guardia de aquel duro empresario, quien accedió a venderme los tres camiones y financiarme el 100% de su valor, por 12 meses.

No sabía absolutamente nada sobre mecánica. Sin embargo, el día anterior había tomado el recaudo de contratar a un mecánico, quien accedió a acompañarme para poder realizar las pruebas mecánicas de los vehículos previas a la compra. Ya estaba anocheciendo y los abogados continuaban ultimando los detalles del contrato, mientras tanto, José y yo, nos quedamos conversando por un tiempo más en el *parking* de su empresa.

Minutos antes de despedirse, José me dio una palmada en el hombro y me dijo:

—A pesar de tu corta edad, me demostraste ser la opción más segura que tengo. Te deseo el mayor éxito para tu nuevo negocio. —Me extendió su mano, y sin decir más, se retiró del lugar.

Había pasado muchas horas reunido con aquel hombre y esa había sido la única vez que logré reconocer su verdadero estado de ánimo, ya que mientras estrechaba mi mano, pude notar una sonrisa sincera en su rostro.

La inteligencia emocional es una herramienta fundamental que debe aprender a desarrollar un emprendedor para manejar de manera correcta las relaciones personales, lo cual conlleva a una mayor productividad. El concepto «inteligencia emocional» fue acuñado hace más de diez años por el psicólogo norteamericano Daniel Goleman, y consiste en darle importancia a reconocer los propios sentimientos y los de los demás.

Un líder que controla sus sentimientos y considera los de los demás, es más productivo y probablemente puede obtener mejores beneficios para su empresa. Crear, conducir y mantener un negocio exitoso, depende tanto de la habilidad profesional y comercial de sus dueños, como de su inteligencia emocional.

Pusimos a trabajar los camiones para el supermercado. Con la ganancia que generaba el negocio del *call center*, pagaba los cheques por la compra de estos y con la ganancia que generaba el negocio de transporte pagaba los sueldos de ambos negocios. Si bien no estaba generando ahorro alguno, el patrimonio social de la empresa estaba creciendo rápidamente.

Sin experiencia en el rubro, pero con mucho esfuerzo, había comenzado un negocio destinado únicamente al supermercadismo, y todo se lo debía al aporte de Clarence Saunders, el fundador del primer supermercado del mundo, sin el cual, mi negocio nunca hubiera existido.

Saunders nació en Virginia, Estados Unidos, y a los catorce años de edad abandonó la escuela para trabajar en un almacén. Casi veinte años después, el 16 de septiembre de 1916, fundó el primer supermercado del mundo llamado Piggly Wiggly, el cerdito ondulado.

Decidió poner las mercancías al alcance de los compradores, de manera que el comerciante solo tuviera que cobrar y reponer productos de vez en cuando. Lo hizo sin pensar en la comodidad de los clientes, sino más bien en el ahorro de tiempo que suponía para el vendedor. Fundamentó su decisión en la eficiencia, ya que de ese modo, un solo empleado podía atender un volumen de ventas tres o cuatro veces superior. Un mes más tarde, patentó el supermercado, y en ella estableció que «de esa forma el cliente debía examinar todos los productos del comercio antes de salir».

Al igual que Clarence Saunders también dedicábamos mucho esfuerzo para llevar adelante todos los trabajos de la forma más eficiente y en el menor tiempo posible. La calidad se había convertido en la insignia de nuestro negocio y la operación se adaptaba constantemente, en búsqueda de mejoras.

Hacía varios años que el concepto «calidad total» comenzaba a ser atractivo no solo para las grandes corporaciones, sino también para las pequeñas empresas; y nosotros éramos una de ellas. La búsqueda de la calidad era algo que me apasionaba, durante los últimos años había presenciado numerosos cursos sobre aquel tema. En ellos se analizaban los casos de éxito de grandes corporaciones, las cuales diseñaban complejos procesos destinados a aumentar la calidad de sus servicios, procesos que en la práctica resultaban imposibles de reproducir para las pequeñas empresas.

Sin embargo, en los últimos tiempos, habían comenzado a viralizarse casos de pequeñas empresas que habían logrado alcanzar altos grados de satisfacción en sus clientes. Esa nueva tendencia me resultaba sumamente familiar, debido a que varios años atrás había recibido una gran lección sobre el tema por parte de un «maestro de la calidad».

Todo comenzó en un seminario internacional de instrumentos musicales antiguos que se desarrolló en el Teatro Colón de Buenos Aires. Un evento restringido, destinado a un selecto grupo de especialistas en el tema; por supuesto, no era mi caso. Había sido invitado al evento por el maestro *luthier* principal del Teatro Colón y orador estelar de aquel coloquio, Gervasio Barreiro.

La exposición comenzó en el mítico Pasaje de Carruajes, una pequeña calle interna que cruza por debajo del teatro, en pleno centro de la ciudad de Buenos Aires. Este camino, que se aloja en el interior del colosal teatro, comunicaba antiguamente las calles Toscanini con Tucumán, y era el lugar por donde se solía ingresar al vestíbulo principal del gran teatro. Sin embargo, luego de su reapertura en el 2010, lo habían comenzado a utilizar como centro de exposiciones.

Gervasio subió a un improvisado escenario y comenzó su disertación:

—Me preguntan una y otra vez por qué es tan difícil igualar la calidad del sonido de todos estos magníficos instrumentos antiguos. Alcanzar esos estándares de calidad requiere tiempo y dedicación de forma constante. Con esto quiero decir que no es algo ligado a la época en la que vivieron sus artesanos, sino a la entrega con la que vivieron.

»La idea de calidad, tan de moda en la actualidad, no es algo nuevo. La historia de la humanidad está directamente ligada a ella, desde los tiempos más remotos cuando el ser humano construía sus armas, elaboraba sus alimentos y fabricaba sus ropas, ya observaba las características del producto, procurando mejorarlo.

»La práctica de la verificación de calidad lleva siglos aplicándose. Hace más de cuatro mil años, en la antigua Babilonia, la construcción de las viviendas estaba regida por el Código de Hammurabi, cuya regla numero 229 establecía que "si un constructor levantaba una casa y no lo hacía con buena resistencia y la casa se derrumbaba y mataba a los habitantes, el constructor debía ser ejecutado".

»Incluso, los fenicios, hace más de tres mil años utilizaban programas de acción correctiva para asegurar la calidad en la producción, con el objeto de eliminar la repetición de errores. En aquellos tiempos, los inspectores simplemente cortaban la mano de los artesanos responsables de producir elementos con mala calidad. En resumen, voy a responder esta pregunta con una frase que escribió Aristóteles en el año 350 A.C.: «Somos lo que hacemos repetidamente, la excelencia no es un acto, sino un hábito».

No hace falta aclarar que, dada su profesión y carácter, Gervasio distaba mucho de aquellos distinguidos profesores universitarios que dictan cursos sobre esta materia. Paradójicamente, este *luthier* nunca había escuchado hablar sobre Phillip Crosby, el creador de la «calidad total», o leído acerca de Tom Peters, el «padre de la excelencia». Sin embargo, puedo asegurarles que sabía tanto sobre calidad como cualquiera de las eminencias que he mencionado.

Cuando tenía tan solo dieciocho años, Gervasio decidió emprender un viaje hacia una pequeña localidad al norte de Italia, llamada Cremona. Una alejada ciudad conocida por su maravillosa arquitectura medieval, arte, música y tradición. En Cremona existen más de doscientos talleres de *botteghe,* como llaman en Italia a los talleres artesanales, y en cada uno de ellos, los maestros *luthiers,* perseguían un único objetivo: alcanzar la perfección absoluta en el sonido de sus instrumentos.

Gervasio había conseguido una beca para estudiar en la prestigiosa Escuela Internacional de Lutheria de aquella ciudad, y así fue como casi sin darse cuenta comenzó su camino hacia la excelencia, un camino que pondría a prueba su perseverancia durante los siguientes ocho años. Durante el día, asistía a la escuela de *lutheria*, por las tardes perfeccionaba su técnica en el taller de su maestro, y por las noches trabajaba en la pizzería de la ciudad. Según dicen, para alcanzar la perfección se debe recorrer el camino desde el inicio, y solo se llega al final por medio del refinamiento progresivo y constante sacrificio.

Estar a más de 12.000 kilómetros de su casa, lejos de sus seres queridos y sin ganar un solo centavo, era solo un fragmento de su entrenamiento, ya que la técnica de aprendizaje, para obtener calidad total en el sonido de un violín, solo puede ser transmitida de maestro a aprendiz, y requiere dedicación absoluta.

Habían pasado ya diez años de aquellos largos días y fue a su regreso de Italia cuando pude conocer a Gervasio, casi por casualidad, cuando él estaba buscando consejos para comercializar sus instrumentos, y un amigo en común nos puso en contacto.

Lo primero que hice antes de reunirme con él, fue investigar sobre el mercado, busqué los nichos, traté de encontrar oportunidades, averigüé sobre su competencia y otra cantidad de información que me ayudó a entender el mercado de la *luthería*, o al menos eso creía.

Al día siguiente, recibí a Gervasio en mi oficina, quien estuvo la mayor parte de la reunión explicándome cómo había logrado convertirse en un maestro *luthier*. Su historia y su dedicación eran tan apasionantes como cada uno de los instrumentos que me enseñaba. Luego de algunas horas de conversación, se me ocurrió consultarle cuál era su diferencia, aquello por lo que la gente elegiría sus violines y no otros de menor valor. Pero al ver la expresión en su rostro luego de mi pregunta, supuse que algo no estaba resultando como lo había previsto.

—¿Por qué elegirías un Rolls Royce y no un Volvo? O, ¿por qué elegirías un Rolex y no un Casio? —me preguntó Gervasio con cierto tono de ofuscación en su voz—. Casi seguro optarías por el Rolls Royce y por el Rolex, que tienen mejor calidad que los otros dos, ¿no es así? Pero de que te serviría un Rolls Royce, si necesitas el auto para ir a trabajar todos los días; o de que te serviría un Rolex, si necesitas un reloj para hacer ejercicio. Como ves, la perfección depende directamente de la intención.

—Te voy a contar una historia —continuó Gervasio, bastante más calmado luego de su descarga—. Seguramente alguna vez escuchaste hablar sobre los violines de Antonio Stradivari, que fue un *luthier* que se hizo famoso por la calidad única de sus violines.

»Existen muchas teorías acerca de cómo construía el sus instrumentos, algunos decían que el barniz que usaba era una fórmula secreta que se perdió tras su muerte. Otros pensaban que el período de frío extremo, sufrido en Europa durante los años en que Stradivari vivió, había ocasionado que los árboles crecieran desarrollando una fibra más compacta y con una mejor calidad sonora. Incluso, en un pueblo perdido en el sur de Italia, escuché decir que su secreto radicaba en construir sus violines con madera de antiguos barcos hundidos.

»En todos estos años he podido estudiar instrumentos construidos en la misma época, con madera de los mismos árboles, y ninguno de ellos tiene el sonido de un Stradivarius. La perfección alcanzada por los instrumentos de este *luthier*, no radicó en ninguna historia mágica, sino que fue el resultado de años de estudio y dedicación.

»Su éxito se basó en un completo registro para el control, mejora y planificación de su técnica, lo que dio origen a instrumentos musicales únicos, considerados por muchos, como los violines de mejor sonido en el mundo.

»Un *luthier* fija la calidad de sus instrumentos dependiendo de la forma en la que este es aceptado o rechazado por un músico, al igual que un comerciante mide un producto dependiendo del precio que sus clientes estén dispuestos a pagar.

Aquel día Gervasio me enseñó una importante lección: la calidad total no se refiere a la incorporación de una norma en un manual, sino a un compromiso que se renueva día a día, cuya única forma de alcanzar es con la práctica; para alcanzarla es fundamental aprender de nuestros errores y procurar focalizar toda nuestra energía en mejorarlos. No basta con imitar algo, es importante darle un estilo propio, lograr diferenciarse, sobresalir del resto, y a eso debemos apuntar desde el primero hasta el último día en que decidimos comenzar un negocio.

Anécdota 16: DINERO EN MOVIMIENTO

Al finalizar el pago de los camiones, comencé a analizar cuál sería la mejor opción para una nueva inversión. Invertir en propiedades siempre me había parecido una excelente forma de capitalizarse, las operaciones inmobiliarias son generalmente seguras y con muy bajo riesgo.

Por aquellos años el mercado inmobiliario estaba dando señales y el precio de las propiedades había alcanzado su piso, todo hacía suponer que era un buen momento para comprar. Es sabido que el mejor momento para comprar es cuando todos venden, y de la misma forma, vender cuando todos compran, siempre es la mejor opción.

Había realizado una buena oferta para comprar un inmenso terreno con una pequeña casa antigua que estaba deshabitada desde hacía algunos años, la cual, a pesar de su antigüedad, presentaba un gran potencial para ser reformada. Cuando digo que había estado deshabitada hacía muchos años quiero decir que estaba casi en ruinas. Tenía casi setenta años de antigüedad, los techos de tejas estaban verdes por el musgo, el interior tenía ventanas tan pequeñas y no dejaban entrar luz natural, la cocina se parecía más a un armario viejo que a un lugar de trabajo, y por último, estaba el baño, me tomó tiempo entender que ese lugar deplorable, en algún momento, había sido un baño.

Contraté a un excelente arquitecto para que pudiera hacer una revisión profesional del lugar y su conclusión era muy alentadora. La construcción de la casa había sido realizada con materiales de excelente calidad, el baño y la cocina podían ser reformados y las ventanas se podían agrandar.

Por último, estaba la ubicación geográfica, el mejor indicador existente para definir el rango de precio por metro cuadrado de una propiedad. Su ubicación era inmejorable, el predio se encontraba en pleno centro residencial de Pilar, un atractivo barrio de la zona norte de Buenos Aires, el cual desde hacía más de diez años se encontraba en crecimiento constante, y todo parecía indicar que esa tendencia no iba a cambiar.

Logré adquirir y acondicionar la casa, y la mantuve algunos años, hasta que comenzó a recuperarse el valor de las propiedades. Al final, pude venderla casi al doble del valor de adquisición.

Anécdota 17: LAS DESICIONES NUNCA NOS ESPERAN

Para principios del 2009 continuaba trabajando como proveedor del supermercado. El *call center* había comenzado a prestar servicio las veinticuatro horas del día, y contaba con más de cincuenta teleoperadores. Del mismo modo, los camiones trabajaban sin ociosidad, transportando mercaderías desde el depósito central hasta todos los puntos de venta del supermercado.

Hacía pocos meses había hecho una gran inversión para instalar en los tres camiones modernos equipos que ayudaban a mantener los alimentos fríos, los cuales debido a su alto costo, muy pocas empresas de transporte poseían. Esto ayudaba mucho al negocio, ya que las entregas de alimentos frescos se pagaban un 20% extra, y al mismo tiempo nos asegurábamos tener los camiones continuamente trabajando.

Pero cuando todo estaba marchando a la perfección, comenzaron a asomarse las primeras complicaciones. La proyección que había realizado el supermercado para el segundo semestre del año no era muy optimista, el país comenzaba a sentir los golpes de la que llamaron «la segunda depresión mundial», aquella crisis que había comenzado en EE.UU. y que se estaba propagando por todo el mundo.

Una crisis que había sido provocada por la codicia de los banqueros y los fraudes inmobiliarios, y que se vio agudizada por la falta de decisiones de los directores del Banco Lehman Brothers Holdings, quienes gracias a su falta de agilidad y acierto en la toma de decisiones, llevaron a toda una nación al borde del *default*.

Para finales del 2008 el banco había presentado la quiebra por más de 691.000 millones de dólares, el equivalente al producto bruto interno de Suiza. Aquella quiebra sería el desencadenante de una gran crisis mundial, capaz de arrastrar con ella a gigantes como General Motors, que pese a tener la mayor facturación del mundo, para finales del 2009 se presentaría en banca rota por un total de 91.000 millones de dólares.

Para mediados de marzo del 2009, el supermercado para el que prestaba servicios comenzó a divulgar los primeros resultados de su balance anual. Dicho balance había arrojado pérdidas millonarias, consecuencia de las bajas ventas y una enorme deuda adquirida. Desafortunadamente, el año anterior el supermercado había decidido incrementar su deuda para poder generar un aumento rápido en su rentabilidad y hacer frente a la crisis económica que se avecinaba.

Por más extraño que parezca, uno de los métodos más efectivos que tiene una empresa para crecer rápidamente es endeudarse. El endeudamiento produce un aumento inmediato en el valor de una compañía. Este concepto es conocido como «apalancamiento». Esta palabra nace del término anglosajón *leverage,* y su traducción más específica es «endeudarse para obtener recursos».

El concepto es más simple de lo que parece, endeudarse aumenta el pasivo de una empresa, pero por otro lado la empresa tiene una entrada de recursos para invertir y crecer, lo que genera un aumento en el valor de la misma.

A su vez, los inversionistas prefieren a las empresas endeudadas, ya que estas por la existencia de riesgo, les ofrecen mayores beneficios que las empresas sin apalancar, haciendo que las empresas con deudas, sean mucho más atractivas para los inversores.

Sin embargo, el apalancamiento puede convertirse en un arma de doble filo si no se utiliza con moderación, ya que un alto grado de apalancamiento financiero conlleva altos pagos de interés sobre esa deuda, y afrontar esos pagos puede debilitar la estructura interna del negocio.

Solo un mes después de conocerse los balances del supermercado del año anterior, nos enviaron una nota a todos los proveedores donde nos comunicaban que la empresa demoraría dos semanas sus pagos. El director de finanzas atribuía la demora a un cambio que su área estaba realizando en el *software* de gestión. A primera vista, no parecía nada alarmante, pero lo que debía ser un retraso de dos semanas, terminó extendiéndose por mucho más tiempo.

Solo tres meses después, el supermercado envió una nueva notificación donde anunciaba que no podía hacer frente a sus obligaciones económicas y financieras, y en consecuencia, se declaraba en quiebra. Por mas increíble que pareciera, las malas decisiones que habían tomado un grupo de ambiciosos banqueros estadounidenses, estaban afectando a mi pequeña empresa, y si no quería perderlo todo, debía tomar una decisión rápido.

Isaac solía decir que las decisiones nunca nos esperan. Aún recuerdo la frase que repetía cada vez que alguno de sus empleados se demoraba en tomar una decisión:

—En los negocios solo hay dos opciones: tomar una decisión o equivocarse.

Todos sabemos que el miedo puede llevar a una persona a quedarse paralizada frente a decisiones importantes y que no tomar decisiones es la forma más segura de equivocarse. Quiero ser muy claro con esto: cuando tomamos una decisión, esta puede ser buena o mala, pero el hecho de no tomar ninguna es la peor decisión.

En un seminario de comercio internacional escuché una charla de un prestigioso investigador de mercado, hablaba sobre la única quiebra que había sufrido la cadena de comida rápida McDonald's. Fue la única vez en la historia de la famosa casa multinacional de hamburguesas, en la que debió abandonar por completo la operación de un país. La falta de toma de decisiones de los directores de McDonald's en Bolivia llevó a la empresa no solo a perder millones de dólares, sino a sufrir una pérdida aún mayor: la adulteración de su imagen corporativa.

Durante tres años, la gran «M» había estado intentando ingresar al mercado boliviano, llevaban invertidos millones en publicidad e investigación de mercado para comprobar si el sabor de sus hamburguesas se adaptaba al gusto de los consumidores bolivianos. Fueron años de pérdidas millonarias y ninguno de los directores de la cadena deseaba tomar la decisión de declarar la quiebra; por el contrario, propusieron una tardía serie de medidas que los conduciría al desastre.

La primera medida que tomaron fue la de adulterar su propia fórmula mágica del éxito, la misma que mantienen de forma global desde Tokio hasta Madrid, a fin de adaptarse al gusto de los consumidores bolivianos. Reemplazaron su famosa salsa de tomate por la *llajwa,* una salsa con la que los bolivianos sazonan sus platos. Pero como era de esperarse, el cambio no dio ningún resultado.

Luego de un tiempo, decidieron hacer una nueva prueba y solicitaron a las ocho tiendas que tenían en el país que comenzaran a poner música folklórica boliviana durante todo el día. Sin embargo, los consumidores seguían sin interesarse por sus hamburguesas y, como era de esperarse, esta nueva medida tampoco logró ningún resultado.

Finalmente, y por primera vez en la historia de la compañía, decidieron adulterar su imagen corporativa. Así fue como ordenaron cambiar la decoración de sus locales, reemplazándolos con los colores autóctonos del país. Unos meses después, luego de una enorme inversión, llegaron a la conclusión de que aquel cambio tampoco había producido ningún resultado.

Hacia finales del 2002, las malas y lentas decisiones de los directivos de la cadena llevaron a anunciar, por primera vez en su historia, que la corporación McDonald's cerraba su operación en un país.

Años más tarde se realizaron algunas investigaciones de mercado en las cuales varios expertos llegaron a la conclusión de que el culpable de llevar a la quiebra a la cadena de comida rápida más grande del mundo, que atiende 58 millones de clientes diarios en 33.000 locales, no había sido el sabor de sus hamburguesas, sino el apego de los habitantes bolivianos por recetas tradicionales como el *thimpu*, un plato típico de cordero, arroz, patatas y abundante ají amarillo.

El verdadero problema que sus directores no pudieron advertir radicaba en el plano cultural. La mayoría de las recetas bolivianas, como el *thimpu,* son preparadas con muchas horas de cocción a fuego lento, y lo que jamás se imaginaron tales ejecutivos era que el pueblo boliviano nunca se interesaría por comidas que tienen menos de un minuto de cocción. De haber tomado antes la decisión de retirar la operación, la casa de comida rápida habría evitado no solo la pérdida de millones de dólares, sino también la adulteración de su activo más valioso: su imagen corporativa.

Mi situación también exigía una decisión rápida, hacía más de tres meses que el supermercado no pagaba, lo que hacía imposible sostener la operación. En pocos días analicé todos los posibles escenarios, incluido el costo que generaría cerrar el negocio. Sabía perfectamente las consecuencias que acarrearía esa decisión y también sabía los costos que produciría no hacerlo.

Esa misma semana, comencé a negociar con el supermercado el traspaso de todo mi personal hacia su planta permanente, ya que si bien la empresa no estaba pagando a los proveedores, seguían pagando los sueldos a sus empleados. Mi mayor problema era que también estaba cediendo todo el *know-how* de mi empresa al supermercado sin cobrar un solo centavo por ello. Sin embargo, esa decisión me ahorraría miles de dólares en indemnizaciones; y lo más importante, los trabajadores podrían conservar su empleo.

La toma de decisiones es un proceso mediante el cual se realiza una elección entre las diferentes opciones para resolver algún problema actual o potencial de un negocio. Para tomar una decisión, cualquiera sea su naturaleza, es necesario conocer, comprender y analizar un problema, para así poder ofrecer una alternativa o solución.

Un error común en muchos emprendedores es el de no ser conscientes de que todas y cada una de las acciones que ejecutan tienen costo y consecuencias. Los empresarios exitosos son aquellos que saben tomar decisiones, ya sean grandes o pequeñas, y son conscientes de que todo lo que poseen, todo con lo que cuentan, sus conocimientos, y sobre todo sus empresas, son el resultado obtenido de las acciones que ejecutan, basándose en sus propias decisiones.

Me habían hablado sobre un prestidigitador manco que podía hacer toda clase de trucos sin que uno pudiera descubrirlo y, como sus habilidades me generaban cierta intriga, decidí ir a ver su función. Sentado en la primera fila del teatro Gran Rex, un gran templo de la cultura porteña, escuché al mago dar una perfecta definición sobre su disciplina: «el ilusionismo es el arte de convertir una sensación artificial en real».

Lo curioso era que ya había escuchado esa frase antes, pero no de un ilusionista manco, sino de un genio del *marketing* llamado Juan José Castillo. Este genio de la mercadotecnia no utilizaba conejos o palomas, tampoco lucía galera alta y definitivamente nunca vestía esmoquin. Sin embargo, era conocido como «el ilusionista». Déjenme decirles que lo habría sido de no haber roto el principio fundamental del ilusionista: revelar sus secretos.

Conocí a Juan José en la universidad, en donde llegamos a entablar una buena relación. Él había trabajado en la industria textil por varios años, desarrollando una brillante carrera en un conocido grupo multinacional de indumentaria masculina. Un rubro que conocía perfectamente, ya que era miembro de una familia aristócrata muy acaudalada, que había amasado su fortuna comercializando algodón.

Hacía muy pocos días, Juan José me había llamado para contarme sobre un negocio que estaba por comenzar. Iba a lanzar su propia línea de ropa elegante, y en los próximos meses, abriría las puertas de su primer local en uno de los centros comerciales más exclusivos de la ciudad de Buenos Aires. Este joven emprendedor nunca dejaba nada a la improvisación y para el lanzamiento de su propio negocio había desarrollado una atractiva estrategia de posicionamiento de marca.

Juan José decía que el verdadero diferenciador en la ropa no se encontraba en la calidad de la tela o en la confección de la prenda, ya que el 50 % de la ropa que se vendía en todo el mundo era fabricada en China con telas importadas de la India. Lo que realmente distinguía a una prenda de otra era su etiqueta, el «sello» de una prenda, el único distintivo capaz de convertir un atuendo común en algo exclusivo.

Su excelente sentido estético se vio reflejado el día del lanzamiento de su tienda. La inauguración se realizó a base de *glamour*, su local no tenía nada que envidiarles a las más prestigiosas tiendas de la famosa 5ta. Avenida.

Por aquellos años, los mercados de lujo estaban abriéndose paso en la clase media de la sociedad. Los sectores pioneros de esta estrategia de *marketing* fueron las automotrices: BMW, con la Serie 3; Mercedes-Benz, con el Clase C; y Audi, con el A3. No tardaron mucho tiempo en sumarse otros rubros como cosméticos, electrodomésticos de lujo, muebles de estilo y bebidas exclusivas.

En este nuevo contexto, abrir una tienda de ropa exclusiva dirigida a la clase media parecía ser una excelente estrategia comercial. Pero casi seis meses después de aquella inauguración, recibí una llamada de Juan José; al parecer, las cosas no estaban marchando como él esperaba.

—¿Alguna vez te pusiste a pensar si los productos más vendidos son los más económicos? —me preguntó con ansiedad—. Estoy seguro que Starbucks no tiene los cafés más baratos, Coca-Cola no es la gaseosa más económica y desde luego Nike no vende calzado de oferta. Ninguna de esas marcas están siquiera cerca de tener los mejores precios del mercado. Lo que realmente hace que sean las más vendidas es que supieron crear una determinada percepción de deseo. Nadie sabe científicamente si son mejores que la competencia, pero lo que sí te puedo asegurar es que son exitosas porque logran convertir una sensación artificial en real.

Durante la charla, Juan José me explicó que luego de la inauguración habían rebajado los precios para poder vender más, pero aquella estrategia, centrada únicamente en la competencia de precios, estaba llevando a su negocio directamente a la quiebra. Le tomó más de media hora explicarme el extenso plan comercial que había diseñado para revertir esa situación. Al principio, me pareció un plan descabellado, pero a medida que avanzaba su explicación me convencía cada vez más.

Ese día no aconsejé a mi amigo, creo que algunas veces cuando intentamos contar algo que nos inquieta, no lo hacemos buscando un consejo, sino porque nos ayuda a clarificar nuestras ideas, así que decidí escuchar en silencio.

A la semana siguiente, Juan José puso en marcha su plan. Lo primero que hizo fue quitar todos los precios de las vidrieras, de las repisas y de sus catálogos; también eliminó todas las promociones, y de un día para el otro, duplico los precios de todas sus prendas. Lo que sucedió después fue asombroso.

Al parecer a la gente le intrigaba mucho no encontrar precios en las vidrieras y la incitaba a entrar al local a consultarlos, aunque no fuera eso lo que estuviese buscando. También descubrió que al duplicar el precio de la ropa, sus clientes se mostraban más deseosos por comprarla; al parecer, la ambición de tener algo exclusivo los hacía ignorar el precio.

Tan solo un mes después de realizados los cambios, había generado más ventas que en los seis meses que llevaba abierto su negocio. Con los años, Juan José continuó expandiendo su negocio. Supe que llegó a tener más de quince locales distribuidos en Argentina, España y México. En la actualidad, Juan José es uno de los principales oradores en un foro internacional enfocado a la mediana empresa, con el cual recorre el mundo transmitiendo su experiencia.

En cada una de sus exposiciones, habla sobre la competencia por precio:

—Nunca es aconsejable mantener una estrategia centrada en la competencia de precio, por la sencilla razón de que siempre pueden llegar empresas más grandes, con mayores recursos o mejores márgenes de producción que podrán fijar precios más bajos que los nuestros y tirarán por la borda toda nuestra estrategia.

Desarrollar un efectivo plan de *marketing* es la herramienta más poderosa que puede tener un emprendedor, puesto que no solo le aporta metodología y planificación a su proyecto, sino que también minimiza el riesgo del emprendimiento, ayudando a fijar objetivos de corto, mediano y largo plazo.

Según David Packard, «el *marketing* es demasiado importante para dejarlo en manos del departamento de *marketing*». Muchas oportunidades de negocio terminan fracasando o no se llegan a concretar cuando no se logra establecer un enlace real entre una gran idea y un gran producto.

Anécdota 19: EL ARTE DE LA NEGOCIACIÓN

Luego de varios intercambios telegráficos el responsable del área legal del supermercado, me contactó para coordinar un encuentro informal y así poder llegar a un acuerdo por la deuda pendiente.

Al día siguiente reuní toda la documentación pertinente y acudí al lugar de la reunión. Como es mi costumbre, llegué algunos minutos antes para poder despejar mi mente antes de comenzar el encuentro. Sin embargo, cuando ingresé al lugar, una extraña sensación de escalofrío me puso en estado de alerta.

Era un enorme salón que parecía estar completamente desierto, no había asientos, televisores, o indicaciones, solo había una puerta blanca y una pequeña ventana de vidrio, la cual estaba completamente espejada, de manera que impedía ver lo que sucedía del otro lado.

Lo más común en una sala de espera es encontrarse con revistas, diarios, u ocasionalmente libros, a modo de amenizar la espera, pero en aquel sitio no había ninguna intención de hacerlo. Por el contrario, había varias cámaras de seguridad que generaban una gran sensación de incomodidad y, como si todo eso fuera poco, las gruesas paredes de la sala impedían el ingreso de señal de celular, provocando un aislamiento total.

Permanecí de pie casi una hora, esperando a que alguien se presentara a recibirme. En el preciso momento en el que caminaba hacia la puerta para retirarme del lugar, se abrió la ventana espejada. Detrás de la ventana logré distinguir la silueta de una mujer mayor, vestida con un guardapolvo turquesa y una excesiva cantidad de maquillaje en su rostro, lo que le daba un aspecto aterrador.

No terminaba de entender lo que estaba sucediendo en aquel lugar, la mujer me observó unos segundos sin decir nada, hasta que finalmente comenzó a hablar. Bueno, en realidad solo dijo:

—¡Pase! — Y cerró nuevamente la ventana.

Comencé a observar nuevamente todo lo que me rodeaba, seguramente debía haber alguna indicación, un letrero o un detalle con instrucciones que habría pasado por alto; sin embargo, no hallé nada.

De pronto, todo se volvió claro en mi mente. Por primera vez desde que estaba en aquel lugar, comenzaba a entender lo que sucedía a mi alrededor. Me habían citado en una cámara de negociación y cada detalle a mi alrededor estaba perfectamente diseñado para que de forma inconsciente, revelara información sobre mi personalidad, carácter y temperamento.

En 1906, Arnold Gesell, un psicólogo estadounidense, desarrolló la primera cámara de observación, utilizando espejos unidireccionales, conocida actualmente como «Cámara Gesell», la cual fue concebida para observar la conducta en los niños sin ser perturbados. Con el tiempo, la Cámara Gesell comenzó a utilizarse en investigaciones policiales para revelar conductas criminales, y desde hacía más de cuatro décadas se estaba utilizando para realizar investigaciones comerciales.

En 1990, algunos importantes estudios de negociación comenzaron a utilizar cámaras adaptadas para analizar la conducta de las personas con las que iban a negociar. Estos lugares se conocen como «domos de negociación» y son adaptaciones modernas del Gesell Dome.

La negociación había comenzado en el preciso instante en el que ingresé en el lugar. Me sentía en desventaja, ellos habían estado jugando sucio, de manera que si quería ganar debía pensar rápidamente una estrategia y aferrarme a ella sin importar las consecuencias. Mi primera medida sería mostrarme firme y confiado, por lo que decidí aguardar en el lugar hasta que alguna persona se presentara a recibirme, la forma protocolaria correcta de comenzar una reunión.

Minutos más tarde, tal como lo había previsto, la puerta blanca se abrió y una secretaria salió a mi encuentro. Luego de presentarse cordialmente, me condujo por un pasillo a una elegante sala de reuniones. Allí, dos personas aparentemente disgustadas, aguardaban mi llegada. Luego de una corta presentación, la negociación comenzó formalmente.

Estaba convencido de que el supermercado querría evitar a toda costa acciones legales en su contra, lo que me llevó a pensar que si demostraba tener pruebas suficientes como para ganar un eventual juicio en su contra, los negociadores me ofrecerían un mayor resarcimiento económico. Así que comencé a enumerar una larga lista de todas las posibles consecuencias que podría llegar a tener el supermercado si no cancelaban la deuda pendiente.

Estaba decidido a ir por todo, de manera que durante toda la negociación me mostré sumamente decidido. Hablé de forma terminante y, tal como me lo había propuesto, en ningún momento di el brazo a torcer.

Fue la peor negociación que realicé en toda mi vida, mi orgullosa actitud y arrogante postura condujeron a que los negociadores del supermercado reaccionaran de la forma en la que cualquier persona actúa cuando se siente acorralada: lanzando un feroz ataque a modo de defensa.

La reunión se tornó sumamente hostil. Pocas horas después de comenzar, ambas partes estábamos más preocupadas en descubrir cómo tomar ventaja de la otra que en atender nuestras verdaderas necesidades; todo se volvió un completo desastre. Desafortunadamente, esa fue la última vez que mantuvimos contacto antes de iniciar acciones legales. A los pocos meses, el supermercado comenzó un proceso de vaciamiento de sus cuentas y activos, y para cuando el juez ordenó pagar a los proveedores, ya no quedaba nada.

El arte de la negociación es uno de los temas más estudiados por la literatura de los negocios. Hay cientos de libros que enseñan técnicas para obtener el mejor acuerdo posible para uno mismo, pero muy pocos enseñan la manera de llegar al mejor acuerdo posible para ambas partes.

Es una técnica de negociación conocida como «ganar-ganar», la cual tiene su origen en Harvard, y trata sobre casos en los que el acuerdo alcanzado no puede ser mejor en beneficio de ninguna de las partes. Por definición, la negociación «ganar-ganar» es aquella en la que no se deja de lado ningún valor, se analizan todas las opciones creativas, se colocan todos los recursos disponibles en beneficio mutuo y nadie hace concesiones innecesarias, para llegar al resultado deseado por ambas partes.

Hace algunos años, tuve el privilegio de ser invitado a una clase de Negociaciones en Harvard, en donde aprendí una valiosa lección que me gustaría compartir con ustedes.

Era el primer día de clases para los alumnos de Harvard Law School y todos estaban muy ansiosos por conocer al famoso profesor que tendrían durante todo el semestre. Por lo que había leído sobre él, era abogado, psicólogo, consejero y tenía varios posgrados en distintas áreas comerciales.

El hombre ingresó al aula caminando muy lentamente, parecía estar completamente despreocupado y abstraído del mundo que lo rodeaba. Era un hombre muy alto, de aspecto severo y gran contextura física. Su sola presencia imponía una mezcla de respeto, admiración e intriga. Vestía un fino traje a rayas que lo hacía parecer más alto de lo que era y llevaba gemelos dorados en ambas mangas de la camisa, los cuales hacían juego con el broche de su corbata.

Luego de tomarse un tiempo para observar en silencio a todos los presentes en el auditorio, comenzó su clase:

—La negociación es un proceso entre varias partes donde existen posiciones diferentes…

Se detuvo dando un suspiro, como si estuviera cansado de aquella oración y al mismo tiempo molesto por tener que repetirla. Permaneció en silencio, meditando unos segundos, y retomó la palabra, pero esta vez no fue para dar una definición de diccionario, sino para lanzar un desafío a toda la clase.

El desafío constaba de dos consignas. Él contaría un caso sobre una negociación conflictiva y el alumno que lo resolviera obtendría un diez en su examen final. Para cuando terminó de hacer la propuesta, todo el alumnado lo observaba con absoluta atención.

—Imaginen que están sentados en la cocina de una casa —dijo mientras desanudaba su corbata—, sentadas en la mesa hay dos niñas y frente a ellas su madre, quien sostiene en su mano una naranja. El caso es que las dos niñas necesitan la fruta y la madre tiene que decidir a cuál de sus dos hijas se la dará. ¿Qué harían ustedes si fueran esa madre?

La primera respuesta surgió de quien parecía ser el más estudioso de la clase. Recordando al sabio rey Salomón, propuso cortar la fruta en dos partes iguales y darle una mitad a cada niña; según decía, no existía solución más justa que esa.

El profesor se mostró bastante sorprendido por la seguridad con la que aquel alumno creía haber resuelto su caso, pero en efecto, no era una buena solución, ya que ambas niñas necesitaban una naranja entera y con la mitad de la naranja ninguna lograría su propósito.

Durante los siguientes veinte minutos se escucharon toda clase de justificaciones extraordinarias; por supuesto, algunas parecían más justas que otras. Incluso, se había generado un debate a raíz de la solución propuesta por una estudiante, quien decía que la naranja debía ser entregada a la niña que fuese una mejor hija. Esta respuesta, si bien parecía una solución justa, tampoco resolvía el problema, ya que ambas niñas necesitaban la fruta.

Finalmente, cuando la clase estaba terminando, el profesor explicó el motivo por el cual ninguno de los presentes había podido resolver el caso. El problema era que nadie había indagado en las necesidades de cada una de las niñas, y aun así, todos estaban muy deseosos de impartir justicia.

De haber indagado en el propósito de cada una de las partes, habrían descubierto que una de las niñas quería la pulpa de la naranja para hacer jugo, mientras que la otra, quería la cáscara para hacer una torta. Si bien ambas necesitaban una naranja entera, cada una necesitaba una parte distinta de la fruta, de manera que si la fruta se partía a la mitad, ninguna de las dos habría podido cumplir con su objetivo.

Al iniciar una negociación, lo más probable es que tengamos tan solo una vaga noción de los intereses y prioridades de la otra parte. Muchos negociadores ni siquiera hacen las preguntas correctas para descubrir qué es lo que realmente está en juego.

En una negociación «ganar-ganar» es importante determinar si nuestros objetivos pueden conectarse con las ambiciones del otro. Mientras más sepamos sobre lo que espera la otra parte, más fácil será negociar un acuerdo que tome en cuenta los intereses de ambos.

En una negociación «ganar-ganar» es esencial que haya reciprocidad. Por lo tanto, debemos ser claros y realistas para que el otro pueda entender mejor con quién está negociando. De esta forma podremos establecer un tono cooperativo desde el inicio, lo que facilitará el diálogo.

Muchas veces, los mejores acuerdos «ganar-ganar» nacen después de que las partes han discutido múltiples propuestas en lugar de una única oferta. La razón es que una oferta única tiende a producir un efecto ancla y conduce la discusión a una situación de «todo o nada». Por otro lado, tener más posibilidades estimula a ambas partes a comunicarse para encontrar soluciones cada vez más creativas para beneficio mutuo.

El último punto a tener en cuenta para establecer una negociación «ganar-ganar» es contar con un tercer elemento, neutro, que ayude a las partes a llegar a un acuerdo favorable para ambos. Un tercero también puede ser una pieza importante para mejorar un acuerdo preexistente, ya que puede presentar nuevas sugerencias. Una tercera persona también puede ayudar a construir un ambiente de mayor confianza, dado que neutraliza la sospecha de que uno de los lados quiera obtener ventaja sobre el otro. De esta manera, se crea un ambiente propicio para el intercambio de ideas.

Además, una opinión de afuera enfocada en el interés de ambas partes, también ayuda a reducir la posibilidad de errores.

Anécdota 20: TODOS COMETEMOS ERRORES

Aun cuando un buen empresario está rodeado de especialistas para cubrir las áreas que desconoce, existen «variables no controlables», las cuales, tal como su nombre lo indica, difícilmente se pueden prever.

Estas variables incluyen una serie de elementos que pueden tener un efecto directo en el desarrollo de un negocio, como decisiones políticas, estructuras legales, cambios macroeconómicos o desastres naturales.

Veámoslo así: nadie podría haber previsto que la aerolínea Pan American, una de las más grandes e icónicas del mundo, en 2001 acabaría en la quiebra por un atentado terrorista. O el caso de Napster, que fue la primer gran aplicación para escuchar música a través de internet, la cual contaba con millones de usuarios en todo el mundo, y debido al fallo de un juez, en el año 2002 se vio obligada a cerrar su operación.

Incluso mi mentor, Isaac Peretz, uno de los comerciantes más hábiles que conocí en mi vida, sufrió en primera persona las consecuencias de las variables no controlables.

Todo comenzó en enero de 1989, año en que decidió construir un moderno edificio en la costa atlántica de Buenos Aires. Su plan era sencillo, utilizaría una línea de crédito que el banco le había otorgado para comprar el terreno, costearía la construcción con capital propio, y finalmente vendería los departamentos en cuotas.

Antes de finalizar la construcción del edificio, Isaac ya había vendido todas las unidades, pero desafortunadamente, en los próximos años el país atravesaría la mayor devaluación de su historia. Lo que dio como resultado, que el valor de las cuotas en pesos, que pagaban los compradores a Isaac, era menor al costo mismo de la construcción. Dos meses después de finalizar el edificio, Isaac se declaró en quiebra.

Las variables no controlables forman parte de la vida cotidiana de un empresario, desde un pequeño negocio familiar hasta las más grandes corporaciones internacionales, todos son vulnerables a ellas. Incluso la economía de una nación está expuesta a variables no controlables, que pueden conducirla al *default*.

Hace algunos años, en un viaje a Europa, escuché la historia de cómo Holanda, la quinta economía más fuerte de viejo continente, se fue a la quiebra por una simple flor.

A fines del siglo XVI, Ogier Ghislain de Busbecq, el embajador austríaco en Turquía, quien era un apasionado floricultor, regresó a su país tras finalizar su período como embajador. Una vez en Austria, entregó como obsequio para el rey unos bulbos pertenecientes a una exótica flor que había traído del país oriental, a la que se conocía con el nombre de «turban». Los bulbos obsequiados fueron inmediatamente plantados en los Jardines Imperiales de Viena.

Años más tarde, un holandés que vivía en Viena, que era el encargado de mantener los Jardines Imperiales austriacos, decidió regresar a Holanda y llevarse consigo una selección de aquellas exóticas flores. Durante muchos años las mantuvo plantadas en secreto dentro de su propio jardín, pero una noche alguien ingresó a su casa, y las robó.

El «turban» solo florecía una o dos semanas al año, carecía de olor y no se le había encontrado ninguna aplicación medicinal; pero a pesar de ello, toda la nación parecía estar cautivada por su increíble belleza. Tanto así, que rápidamente se convirtió en un objeto de ostentación, un símbolo de riqueza que llevaría a elevar astronómicamente el precio de los bulbos.

Toda Holanda parecía haber caído en una fiebre especulativa a partir del precio de la flor. Un solo bulbo podía valer 1.000 florines neerlandeses, el equivalente a cinco salarios anuales de un trabajador promedio.

Hacia 1630, el mercado de los bulbos generaba rentabilidades del 500 % anual, lo que motivó a toda la nación a invertir cuanto dinero tenían en el comercio especulativo de esta especie. En 1635 una epidemia de peste bubónica diezmó la población de Holanda y la falta de mano de obra multiplicó aún más los precios del «turban». El fenómeno afectaba a todas las clases sociales, desde la alta burguesía hasta los artesanos. Incluso, algunos comerciantes hipotecaban sus campos para adquirir los bulbos. Aun en la actualidad, quedan registros de personas que llegaron a pagar 2.500 florines por una sola unidad, el equivalente de aquel tiempo a 22 toneladas de trigo.

La última operación sobre la que se tiene registro se realizó en enero del año 1637, cuando se vendió un lote de noventa y nueve bulbos por 90.000 florines. Al mes siguiente se puso a la venta un lote de medio kilo de bulbos pero no se encontró ningún comprador. Fue entonces cuando la burbuja estalló, los precios comenzaron a caer en picada y no hubo manera de recuperar la inversión; todo el mundo vendía y nadie quería comprar. Se habían comprometido enormes sumas de dinero para comprar aquellas flores que ahora no valían nada.

Grandes bancos, poderosos terratenientes e importantes mercaderes se declararon en quiebra, arrastrando con ellos a una de las potencias económicas más grandes del mundo. Para finales de ese mismo año, por culpa de una simple flor, Holanda se declaró en bancarrota. En la actualidad, los Países Bajos son la quinta economía más fuerte de Europa, y el «turban», más conocida como «tulipán», es su flor nacional.

Un error común en muchos empresarios es creer que no existen otros escenarios más que los previstos por ellos mismos o sus asesores. El problema está en que cuando se encuentran frente a estos imprevistos, en lugar de ajustar sus decisiones según el panorama que se presente, terminan paralizándose por completo.

En mi experiencia personal, las variables no controlables me obligaron a cerrar mi empresa en dos ocasiones diferentes. Cuando comencé el *call center* para la compañía telefónica española, pensaba que si ellos estaban satisfechos con el trabajo que realizábamos, mi contrato estaría asegurado, sin contemplar la posibilidad de que mi cliente podía prescindir de nuestro servicio por razones ajenas a nosotros. Cuando comencé a prestar servicios de *call center* para el supermercado, pensé que lo mejor sería diversificar mi negocio, y de esta forma minimizar los riesgos, de manera que decidí incorporar una nueva unidad de negocios destinada al transporte de mercaderías.

De ese modo, si el supermercado prescindía de uno de mis servicios, la otra unidad de negocios podía continuar trabajando; sin embargo, nunca contemplé la posibilidad de que una crisis internacional llevará al supermercado a la quiebra.

En cada una de las decisiones que tomamos en nuestra vida diaria, desde la más simple hasta la más compleja, corremos el riesgo de equivocarnos. Pero el error más grande que un emprendedor puede cometer es pensar en las equivocaciones como impedimentos, ya que el verdadero obstáculo no es cometer errores, sino ignorarlos.

Honestamente, nunca conocí a ninguna persona que le gustara equivocarse, pero en muchas ocasiones los errores son lo mejor que nos puede suceder.

Hay cientos de ejemplos de errores que condujeron a grandes éxitos. A finales del siglo XIX, en Carolina del Norte, un farmacéutico llamado Caleb Bradham, quien durante años intentó buscar la cura contra la dispepsia, desarrolló un jarabe azucarado que, aunque no era muy efectivo contra la enfermedad, comenzó a ser consumido por su sabor. En 1902 Caleb decidió vender el concentrado como un refresco y registró la marca bajo el nombre de Pepsi, con tan solo 97 acciones en el mercado y una inversión inicial de 1.900 dólares. Actualmente, Pepsi factura casi 65.000 millones de dólares anuales.

En 1902, en Minnesota, Estados Unidos, nacía la empresa Minnesota Mining and Manufacturing Company, la cual hoy debe su nombre a sus tres iniciales y es conocida como 3M. En el año 1944, un asistente de laboratorio de la empresa derramó un químico experimental en sus zapatillas deportivas, trató de lavarlas pero no pudo. Las semanas pasaron y notó que la parte de su calzado donde cayó el químico permanecía limpia, mientras el resto de la zapatilla se ensuciaba. Los investigadores de 3M se dieron cuenta de que era un protector ideal para telas, así nació el Scotchgard y ahora es la marca líder a nivel mundial de protección de tejidos. Actualmente, 3M factura cerca de 30.000 millones de dólares anuales.

El más emblemático es el de Alexander Fleming, quien en 1929 dejó por error abierto uno de los frascos de laboratorio con los que estaba trabajando. Al día siguiente descubrió que por su descuido, una de las placas de su microscopio tenía un hongo poco común. Resultó que ese hongo había destruido todas las bacterias con las que estaba trabajando.

Un tiempo después lo bautizó con el nombre de *Penicillium notatum*; es decir, la penicilina. Con los años, la penicilina se convirtió en el antibiótico más utilizado en todo el mundo. Gracias al accidental descubrimiento de Alexander Fleming, los antibióticos a base de penicilina han salvado la vida de millones de personas.

Los errores constituyen la oportunidad de aprendizaje más valiosa que puede tener un emprendedor, siempre que sepa aprender de ellos correctamente, sin evadir su responsabilidad y aprovechando al máximo esa oportunidad de mejora.

Un estudio que publicó la prestigiosa revista *Psychological Science* reveló que las personas que piensan que pueden aprender de sus errores, tienen una reacción cerebral que les permite recuperarse exitosamente después de cometerlos. Por el contrario, la gente que asume los errores en sentido negativo, se frustra y vuelve a fallar.

El verdadero éxito de un emprendedor no consiste en nunca equivocarse, sino en aprender a capitalizar sus errores.

Meses después de cerrar la empresa de transporte y el *call center*, subastamos los activos que tanto nos había costado adquirir, tres camiones, varias centrales telefónicas y otros costosos equipos fueron vendidos en menos de un mes.

Para comienzos del 2010, los precios de las propiedades se habían disparado, provocando que el mercado inmobiliario estuviera casi paralizado. Sin embargo, debido a la inseguridad, los terrenos en Barrios Cerrados, eran cada vez más demandados por los compradores, y todo parecía indicar que esa tendencia no iba a revertirse.

Los Barrios Cerrados, tal como su nombre lo indica, son urbanizaciones con altos niveles de seguridad, cerrados por rejas o muros, cuyas entradas son controladas por un servicio de seguridad privada, cuyas propiedades son muy demandados en países con altas tasas de inseguridad.

Ese mismo año, invertí gran parte de mi dinero en diversos fideicomisos destinados a la construcción de Barrios Cerrados en la zona norte de Buenos Aires; una inversión segura, si se mantenía a largo plazo.

Comencé a trabajar como consultor privado para distintas empresas de servicio, entre ellas, una novedosa empresa de medicina privada llamada Medife. La empresa tenía seiscientos empleados y facturaba casi 10 millones de dólares anuales, estaba en pleno crecimiento.

Su fundador se llamaba José Carlos Piva, un hombre de 85 años quien, a pesar de su edad, mantenía una personalidad entusiasta y alegre. Se trataba de un líder natural y carismático, un CEO que encajaba a la perfección con la definición de John Maxwell sobre un líder: «El jefe da órdenes, el líder adiestra; el jefe depende de su autoridad, el líder de la buena voluntad; el jefe inspira miedo, el líder entusiasmo; el jefe dice yo, el líder dice nosotros; el jefe se ocupa de la culpa de la falla, el líder se ocupa de la falla».

El proyecto por el cual me habían convocado era sumamente ambicioso. En los próximos tres años, Medife debía posicionarse como una de las cinco primeras empresas de salud de Argentina. Los dos primeros años fueron los más complejos, ya que consistieron en un riguroso y sistemático trabajo focalizado en procesos y servicio. Para comienzos del tercer año, cuando ya habíamos logrado sistematizar los procesos y estandarizar el servicio, comenzamos a trabajar en una innovadora estrategia de comunicación.

La renovación generacional y la impregnación de la cultura *web*, nos obligaron a direccionar las campañas de promoción hacia medios digitales y los deportes. Logramos cerrar importantes acuerdos de esponsorización con los seleccionados argentinos de vóley, básquet, hockey, e incluso con el seleccionado argentino de fútbol. El plan también incluía una fuerte campaña de comunicación en canales digitales, redes sociales y varios líderes de opinión.

Desde que internet había comenzado, las empresas pagaban sumas millonarias para obtener enormes volúmenes de datos, y en los últimos años, las empresas dedicadas al Big Data se habían vuelto muy demandadas, ya que eran las encargadas de gestionar y analizar la información que ofrecía internet, para facilitar la toma de decisiones.

La mayor prueba del éxito de las decisiones estratégicas basadas en Big Data, fue la popular serie de Netflix *House of Cards*. En 2011, cuando Netflix decidió apostar por la creación de su propio contenido, no basó sus decisiones en la opinión de los expertos de Hollywood o de los grandes críticos de cine, sino que se focalizó en el análisis de la información sobre las preferencias de sus 75 millones de usuarios.

Los resultados del comportamiento de sus clientes mostraban que la audiencia tenía gran interés por producciones originales de la BBC, también marcaban un alto fanatismo por las películas protagonizadas por Kevin Spacey, y finalmente una inclinación por las producciones del famoso director de cine David Fincher.

Netflix utilizó toda esa información para comprar los derechos de una serie inglesa de la BBC llamada *House of Cards*, la cual sería protagonizada por Kevin Spacey y dirigida por el mismo David Fincher. Sin necesidad de hacer un piloto, Netflix invirtió más de 100 millones de dólares para producir una *remake* de dos temporadas de esta serie, cuyo éxito estaba garantizado antes de comenzar.

Fue la primera vez en la historia de la televisión que los contenidos de una serie no se decidieron con base en la opinión de diez personas sentadas en torno a una mesa, sino al análisis de algoritmos. Tan solo un mes después de su lanzamiento, la serie se convirtió en el contenido más popular del catálogo de Netflix.

El ámbito digital no solo aportaba datos, sino también nuevas herramientas comerciales como la inmediatez, medios de comunicación directa con los clientes y la posibilidad de mediciones en tiempo real.

Para 2013, Medife había crecido más de lo proyectado, contaba con más de dos mil empleados y una facturación cercana a los 80 millones de dólares anuales. Ese mismo año, terminamos la construcción del sanatorio especializado en cirugías más importante de Sudamérica, y mediante la compra de otras empresas de salud, Medife pasó a ser parte de un próspero *holding* llamado Grupo Ase.

Continué trabajando para el Grupo Ase, pero no como asesor sino como director de *marketing* del *holding*. Al finalizar el quinto año, habíamos triplicado la facturación y para comienzos del 2016, solo seis años después de haber comenzado el ambicioso proyecto, habíamos logrado posicionar a Grupo Ase como la quinta compañía de salud más importante del país, la cual facturaba mas de 300 millones de dólares al año y daba trabajo a más de tres mil quinientas personas.

Después de cumplir con creces el objetivo propuesto, tomé la decisión de comenzar nuevamente un negocio propio y renuncié a mi cargo. Esta vez sería una cadena de tiendas de comida saludable. Para ello, tomamos conceptos de Europa y aplicamos distintos sistemas que habíamos observado y que estaban funcionando bien en otros países. Con toda esa información, comenzamos Daily Green, un *fast food* de comida saludable. Una mezcla de conceptos gastronómicos, diseño y eficiencia ideada para que los comensales disfrutaran de sus almuerzos sin descuidar su salud.

Lograr que un negocio sea exitoso no es tarea fácil, ya que el riesgo siempre está presente. El riesgo es algo inherente a cualquier actividad comercial y, por lo tanto, inevitable.

El éxito de un emprendedor consiste en aprender a aceptar ese riesgo como parte del negocio, y planificar sus movimientos lo más detalladamente posible, para minimizar ese riesgo al máximo. Es frecuente que los emprendedores experimenten miedo antes de comenzar un negocio, miedo a equivocarse, miedo a ser rechazados, o simplemente miedo a fracasar. Es importante entender que aquello que separa a las personas exitosas de aquellas que dejan que sus temores los paralicen, es la voluntad de aceptar el miedo y actuar frente a él.

Cualquiera que sea el rubro o sector en el que se decida emprender, siempre se deben tomar decisiones y lidiar continuamente con ellas. Muchas de estas decisiones, no serán relacionadas directamente al negocio; incluso algunas veces, incluirán familia o amigos. Posiblemente las decisiones tomadas al comenzar no sean las más adecuadas, es probable que muchas parezcan salirse de control, y aun así, un emprendedor nunca debe perder su autoconfianza.

Siempre habrá contratiempos, los imprevistos son algo natural y acompañan a los emprendedores en cada una de las decisiones que toman. Por ese motivo, un emprendedor nunca debe evitarlos, sino por el contrario, tiene que aprender a identificarlos y controlarlos, y de esa forma, poder tomar las decisiones más acertadas para su negocio.

Para alcanzar el éxito, un emprendedor primero debe equivocarse y luego aprender a aceptar esos errores. Esta es la razón por la cual aceptar los errores nunca es una opción sino una obligación. Un emprendedor exitoso es aquel que sabe aceptar sus errores como su aprendizaje más duradero, porque entiende que los errores son un punto de inflexión a partir del cual comienzan a surgir los verdaderos avances.

En todas las anécdotas narradas a lo largo de esta obra, sus artífices no lograron el éxito en su primer intento, y aun así, continuaron intentándolo hasta conseguir aquello que se habían propuesto. Demostraron que el éxito radica en la perseverancia y que la pasión triunfa sobre el miedo.

Cuando un emprendedor se focaliza en sus sueños es capaz de transformar el miedo en deseo, y de esa forma logra el impulso necesario para seguir avanzando, incluso más allá de sus propias metas.

Muchas décadas atrás, allá por 1830, nacía un joven proveniente de una familia muy humilde, un muchacho cuya vida se vio fuertemente marcada por la creencia de que un hombre solo triunfa a base de su propio esfuerzo. Fue educado sabiendo el costo de las palabras, y solo gracias a ello aprendió sobre el valor de los silencios, ya que en los negocios se dice más cuando se calla.

Él conocía mejor que nadie la importancia de la austeridad y, sobre todo, del ahorro. Siendo tan solo un niño pintaba piedras de colores y las vendía en la escuela, así logró reunir sus primeros 50 dólares, que en aquella época significaban mucho dinero. A pesar de su corta edad, utilizó el dinero para hacerle un préstamo a un granjero, quien unos meses después, se lo devolvería con intereses.

En ese momento, comprendió lo que más adelante identificaría como la máxima lección de los negocios, una enseñanza que año tras año se sigue divulgando: «Debo hacer que el dinero trabaje para mí y no al revés».

Ese niño era John D. Rockefeller, el empresario poseedor de la mayor fortuna jamás imaginada. Sus comienzos, al igual que los de muchos otros exitosos empresarios de nuestra era, tienen en común tres ejes fundamentales que son utilizados para el logro de sus objetivos: la necesidad de adquirir conocimientos, un claro dominio de las responsabilidades y, sobre todo, un profundo sentimiento de austeridad.

Quiero compartir con ustedes la última anécdota de esta obra, y estoy convencido que en ella encontraran el mejor consejo que puedo darles.

Es un hermoso cuento sobre un sabio comerciante árabe llamado Halim, quien tenía dos hijos: Bahir y Rahim.

Cuentan que el rico comerciante crió a sus hijos sin hacer diferencias. Durante toda su infancia ambos niños tuvieron la misma instrucción, las mismas oportunidades y, sobre todo, el mismo afecto de su padre.

Hacía tiempo que el sabio comerciante había decidido dejar su herencia en vida a sus dos jóvenes hijos y, de esa forma, ver cómo la aprovecharían.

—Hijos míos —les dijo—, hoy les entregaré un cofre de oro a cada uno de ustedes. Esa será su herencia. La única condición para recibirlo es que lo gasten con sabiduría.

Bahir era el mayor de los dos hermanos, un muchacho humilde y muy inteligente, quien sin dudar dio un paso al frente.

—Padre, usaré la mitad de este dinero para estudiar y luego decidiré qué hacer con la otra mitad —dijo tomando su cofre antes de partir.

Rahim, por el contrario, era un joven presumido y vanidoso, pero no menos inteligente que su hermano. Dio un paso al frente, tomó su cofre y, antes de partir, dijo:

—Padre, yo no perderé el tiempo como Bahir. Mañana mismo usaré la mitad del dinero para viajar hacia tierras lejanas y al llegar invertiré la otra mitad para traer los objetos más exóticos que pueda vender un comerciante.

Diez años después, ambos hermanos regresaron a su casa. Rahim había cumplido su palabra, había viajado por todo el mundo adquiriendo los objetos más exóticos que se podía imaginar. Por desgracia, descubrió que la mayoría de ellos eran objetos sin valor, y terminó perdiendo todo el oro que su padre le había heredado.

Bahir también había cumplido su palabra, había utilizado la mitad de su dinero para estudiar, se había convertido en un brillante comerciante y, para sorpresa de su padre, había duplicado el cofre de oro que le había entregado.

He sabido de muchas personas que recibieron enormes herencias anticipadas, en algunos casos, incluyendo millonarias sumas de dinero, fabulosas propiedades, hectáreas de campos, e incluso, lingotes de oro. En mi caso, también recibí mi herencia de forma anticipada, pero fui mucho más afortunado. Recibí algo más valioso que el dinero, algo tan preciado que sería imposible de gastar; heredé conocimiento.

Mi herencia es el conocimiento que me fue transmitido por los exitosos hombres de negocios que conocí a lo largo de mi vida. Aquellos que por medio de sus consejos y vivencias ayudaron a mejorar las vidas de miles de personas, incluida la mía.

Mi herencia fue la motivación que me ayudó a alcanzar mis metas, me procuró humildad para aceptar mis fracasos, y me dio la perseverancia necesaria para volver a empezar, incluso después de haberlo perdido todo.

Mi herencia me enseñó a valerme por mí mismo, a llenarme de autoconfianza, y a perder el miedo al fracaso.

Mi herencia me demostró que cuando algo se gana con sacrificio, tiene doble valor, el valor de tenerlo, y la satisfacción de haberlo conseguido.

Mi herencia me ayudó a descubrir que no es importante lo que uno desea, sino lo que hace para conseguirlo.

Mi herencia me enseñó a nunca darme por vencido sin antes haberlo intentado.

Al terminar de leer esta obra, ustedes serán legítimos herederos de este conocimiento, y este, a su vez, será el comienzo de su propia herencia.

Pueden utilizarla para cambiar radicalmente sus vidas, para perder el miedo a equivocarse, para animarse a comenzar su propio negocio, o simplemente podrán decidir no utilizarla. Sin embargo, hay algo que ya no podrán hacer: rechazarla.

Esta herencia ahora es suya. Compártanla, herédenla a sus hijos, y sus hijos a los suyos, porque el conocimiento es una riqueza tan grande que no debe pertenecer a una sola persona.

Me despido afectuosamente con una humilde reflexión. Con los años, mi herencia me permitió gozar de muchos privilegios, como tener una hermosa casa, recorrer el mundo, e incluso, emprender varios negocios. Pero hay cosas que no se pueden comprar, casualmente aquellas que no cotizan en Wall Street, como el amor, la solidaridad, la familia y el conocimiento, las cuales serán finalmente nuestra verdadera riqueza, al alcance de unos pocos, y la envidia de los que nunca llegan a tenerlas.

Mi consejo es que vivan osadamente, que asuman riesgos, que se exijan a ustedes mismos, que no se conformen, y que se sientan orgullosos de sus propios logros.

Esta es mi herencia, y la quiero compartir con ustedes.

AGRADECIMIENTOS

A Julieta Rodriguez Seara, por acompañarme y apoyarme incondicionalmente.

A Jorge Chorne, quien me enseñó la importancia de la humildad y austeridad.

A Héctor Alejandro Massau, el gran narrador de historias.